JN437733

내가 찾은 행복을 당신도 찾기를 바래요.

하루를 시작하기 전 나와 함께

행복 여행을 떠나도록 해요.

행복을 찾은

꾸빼씨의 다이어리

• 일러두기

꾸빼 씨는 가상의 인물입니다. 꾸빼 씨는 행복 여행으로 자신만의 행복을 찾았습니다. 꾸빼 씨가 찾은 행복을 여러분도 찾기를 바랍니다. 불안한 마음이 따뜻하고 긍정의 마인드로 바뀌게 될 것입니다.

The Diary of Mr. Kkuppae who found Happiness

행복을 찾은

꾸빼씨의 다이어리

지은이 / 용혜원

평단

머리말

하루를 시작하기 전에 생각할 시간을 가져보세요. 생각이 행동을 만들고 행동이 삶을 만들어 놓습니다. 어떤 생각을 하느냐에 따라 우리의 삶의 방향이 달라지고 삶의 결과도 달라집니다.

하루에 한 장씩 읽으면서 마음속에 담아둘 좋은 글을 모았습니다. 편안한 마음으로 자신을 들여다보고 돌아보세요.

인생에는 분명한 꿈과 비전이 있어야 합니다. 누구와 어떤 삶을 살아가느냐는 매우 중요합니다. 자신의 선택에 따라 삶의 모습이 달라지고 결과도 달라집니다. 많은 사람이 꿈이 없이 살아가고 있습니다. 꿈이 없으면 열정이 식고 자신감도 상실하게 됩니다. 꿈이 있어야 사랑도 하고 삶 속에서 매력을 발산하며 낭만과 멋을 즐기며 살 수 있습니다.

현대 사회는 매우 분주합니다. 그렇기에 더욱더 생각할 시간이 필요합니다. 아무 생각 없이 살면 아무런 결과도 없습니다. 미래의 계획을 세우고 성공할 수 있다는 생각으로 실행해 나아가면 자신이 원하던 삶을 살아갈 수 있습니다. 그 삶의 나무에서 열매가 주렁주렁 열리는 것을 자신의 눈으로 보게 될 것입니다. 성공한 사람들, 행복하게 사는 사람들은 확실한 목표를 가지고 행동으로 옮겼던 사람들이었습니다.

하루를 시작하면서 조용히 생각할 시간을 갖는다는 것은 참 좋은 습관입니다. 삶이란 강을 건널 디딤돌이 될 수 있고, 마음의 여백을 채울 수 있는 시간을 갖는 것은 행복한 일입니다. 그 시간에 자신이 원하는 것들이 있다면 메모를 해보세요. 그리고 자신이 원하는 삶으로 만들어 가 보세요. 생각의 씨앗을 심으면 성공이란 커다란 나무로 분명히 자랄 것입니다. 그 나무를 바라보는 자신을 상상해 보세요. 기분이 좋을 것입니다.

삶이란 길에서 이정표를 만나고 길을 만들어 가는 것은 참으로 멋진 일입니다. 내일의 삶은 오늘보다 더 좋아질 것이고 삶의 날씨는 화창해질 것입니다. “야! 나에게도 정말 이런 일이 일어나는구나!” 당신의 삶에도 감동이 있을 것입니다. 그런 삶으로 만들어 가는 것이 생각의 변화이며 행동입니다. 자! 지금 시작해 보세요.

시인 용혜원

January

새로움이란
모든 기다림에
인내를
쏟고 나서야
오듯

……

이제
다시 시작이다

……

1월

……

행복한
비상을
꿈꾸며

말이나 글로 표현할 수 있는
모든 말 가운데 가장 슬픈 말은
그렇게 될 수도 있었는데 이다.

존 G. 휘티어

꿈을 가져라

꿈을 향해 자신 있게 나아가면서 꿈대로 살기 위해
진지하게 노력한다면 어느덧 성공은 눈앞에 와 있다.

헨리 데이비드 소로

/

January 01

/

꿈은 나의 가슴 한복판에 내일을 위한 희망의 길을 열어준다.
꿈은 미래를 기대하게 하고 "내일은 어떤 좋은 일이 생길까?" 하는 설렘 속에 모든 일에 열정을 쏟게 한다.
당신만의 큰 꿈을 가져라.
오늘은 먹구름이 끼고 세찬 비가 내려도 내일 날씨는 분명히 화창하고 희망의 태양은 찬란하게 떠오를 것이다.

오늘도 웃으며 즐겁게 살아야 해. 힘을 내서 강하게 어떤 일도 다 할 수 있다는 마음으로 살면 두려움도 사라지고 내일은 더 좋은 날이 되겠지.

하루를 시작하는 기쁨

말이나 글로 표현할 수 있는 모든 말 가운데
가장 슬픈 말은 그렇게 될 수도 있었는데 이다.

존 G. 휘티어

/

January 02

/

아침에 눈을 뜨면 상쾌한 마음으로 하루를 시작하는 기쁨을 갖는다. 가족들과 즐겁게 웃으며 인사를 나누고 세수를 하고 옷을 입고 차를 마신다.

'오늘은 어떤 일이 있을까.'

'오늘은 어떤 사람들을 만날까.'

기대감을 갖고 살아가면 삶에서 더 깊은 재미를 느끼게 된다.

어려운 일이 닥칠 때 포기하면 끝이지만, 노력하여 약점을 강점으로 바꾸면 삶은 달라지는 거야. 열심을 다하면 아무도 막을 수 없지.

즐거운 상상을 하라

당신의 미래는 많은 것들에 좌우되지만
대부분은 자신에게 달려있다.

프랭크 타이어

/

January 03

/

상상하는 즐거움에 빠져 '내일의 나의 모습은 어떨까' 생각하며 미래로 꿈을 날려 보내야 한다.
삶에 기쁨을 불러들이고 불길한 생각을 하지 말아야 한다.
부정적인 생각은 자신감을 상실케 한다.
자신이 원하던 성공을 보기 좋게 그려 나가면 상상한 대로 미래가 눈앞에 그대로 펼쳐진다.

행복한 모습은 얼굴에 가장 잘 나타나는 거야. 지금 거울을 꺼내 얼굴을 한 번 바라봐. 이 세상에 단 하나밖에 없는 멋진 얼굴을.

사랑에 빠져라

사랑하는 마음은 누군가가 선물로 주는 게 아니라
열심히 노력해서 얻는 것이다.

윌리엄 B. 예이츠

/

January 04

/

사랑했던 날들이 모여 행복을 만들고 늘 그리움에 젖게 하는 풍경을 만든다. 사랑하는 사람과 함께하는 시간들은 모두 다 아름다운 순간이다.
삶은 가장 아름다운 물감으로 그려 놓은 멋진 그림으로 남는다. 사랑을 나누며 살아가는 날들이 삶 속에서 아름다운 풍경을 만든다.

사랑의 표현은 꽃들의 종류만큼이나 많을 것 같아. 사랑은 어떻게 표현하느냐에 따라서 그 아름다움이 더 빛나는 거지. 오늘도 사랑을 표현해 보는 거야.

발걸음을 가볍게 살자

희망보다 더 좋은 약은 없다.
내일은 더 나아질 거라는 기대를 갖게 하는 것보다
더 훌륭한 격려는 없고 그보다 더 강력한 활력소는 없다.

오리슨 스웨트 마든

/

January 05

/

발걸음이 한결 가벼운 날은 바라보는 모든 것이 다 정겹다. 주변의 시선도 따뜻하게 느껴지고 마음도 부드러워져 피곤이 싹 사라진다.
세상은 이런 맛에 사는 것이 아닐까.
한 잔의 커피도 정말 맛있고 왠지 행운이 찾아올 것만 같아 몸과 마음도 부드럽게 열린다.

마음이 즐거우면 모든 것이 아름답게 보이는 거야. 정겹고 친근하게 내 주변에 있는 것들과 친밀감을 갖고 살아가면 잘 될 거야.

사람 만나는 것을 즐겨라

가장 중요한 것은 다른 사람 때문에 겁먹지 않는 것이다.

엘머 데이비스

/

January 06

/

만나고 헤어지는 삶 속에 누군가를 만나는 일은 기쁜 일이다.
사람들을 좋아하고, 함께하고, 기다리고, 만나고 싶어야 한다. 언제나 일하고 싶고, 함께 대화하고 싶고, 같이 먹고 싶고, 같이 걷고 싶어야 한다.
사람들이 멀어져 가면 모든 것이 떠나고 혼자 남으면 아무것도 할 수 없다.

사람들이 싫어지는 것은 자신의 부족을 느낄 때야. 실망했을 때나 상처를 받았을 때도 마찬가지야. 사람들과 잘 어울려야 제자리를 찾을 수 있어.

벽에 부딪칠 때

희망은 새해의 출발점에서 올해에는 더 행복해질
거라고 속삭이며 미소 짓는다.

알프레드 테니슨

/

January 07

/

홀로 감당하기 어렵고 힘들 때 암울한 생각으로 세월만 보내지 말고 벽을 뛰어넘거나 문을 만들거나, 아니면 벽에 기대어 볼 생각을 하라.
어려움이 찾아오는 것은 더 강하고 담대해지라는 신호다. 벽에 부딪칠 때 새로운 방법을 찾아내면 벽은 서서히 눈앞에서 사라질 것이다.

이 세상에 힘들고 어려운 순간이 없던 사람은 단 한 사람도 없을 거야. 힘들어도 정상에 오르면 얼마나 기분이 좋은지 알지.

살아 있는 것은 행동한다

인생은 길지 않다. 그러므로 어떻게 인생을 살아갈까 하고 이것저것 생각하는 데 많은 시간을 소비해서는 안 된다.

알렉산더 폰 훔볼트

/

January 08

/

왜 똑같은 사람인데 누구는 멋지게 성공하고, 누구는 한 번 시도하지 못하고 실패하여 좌절하고 마는가.
살아 있는 모든 것은 행동하듯이 가장 멋진 승리의 순간을 아주 근사하게 만들어 놓기 위해 자신 안에 있는 무한한 능력을 사용해 보라.

우리의 삶 속에서 일어나는 사소한 작은 일들 가운데 잔잔한 기쁨을 주는 일이 많지. 작은 도움, 작은 나눔에 함께하는 거야.

씨앗을 뿌려라

성공한 사람과 그렇지 못한 사람을 구분하는
단 한 가지 기준은 열심히 일하려는 의지가 있느냐이다.

헬렌 G. 브라운

/

January 09

/

땅속에 씨가 아무리 많아도 물이 없으면 싹이 나오지 못한다. 우리의 마음속에 있는 씨앗들을 뿌리고 열정의 비를 쏟아 부어야 한다.
모든 일은 대가를 치르지 않으면 그 어떤 결과도 나타나지 않는다. 새싹이 잘 자라면 큰 나무가 되고 열매를 주렁주렁 풍성하게 맺는다.

씨앗의 품종이 좋아도 씨앗 보관소에 있으면 아무 소용이 없는 거야. 우리가 가지고 있는 재능도 마음껏 사용해야 자라고 열매를 맺을 수 있는 거야.

마음에 상처를 입었을 때

인간의 마음은 정원과 같아서 지혜롭게 가꿀 수 있고
야생의 들판으로 버려둘 수 있다.

제임스 앨런

/

January 10

/

때때로 작은 일에도 몸과 마음에 작고, 크고, 넓고, 깊은 상처를 입는다. 마음에 깊은 상처를 입었을 때 스스로 용서를 시작하지 않으면 상처는 쉽게 아물지 않는다.
넓은 마음으로 받아들이고 용서하며 다른 사람의 잘못을 받아들이고 감싸줄 때 깊은 마음으로 남을 움직일 수 있다.

살면서 사람들과 부딪치다 보면 때때로 상처를 입을 수도 있어. 너무 아파하지 말고 용서해봐! 잡념을 훌훌 털어버리면 한결 가벼울 거야.

촉촉이 적셔주는 삶

기도는 말 이상의 것이다. 이는 듣는 것이요,
보는 것이요, 느끼는 것이다.

노먼 빈센트 필

January 11

아침에 풀잎을 이슬방울이 촉촉이 적셔주듯이 메마른 삶 속에 사랑의 마음으로 가족과 이웃을 촉촉하게 적셔주는 삶을 살아야 한다.
어려울 때 힘이 되어주고 즐거울 때 함께 즐거워 해주며 늘 가슴을 촉촉하게 적셔주는 넉넉한 마음으로 살아야 한다.
메마른 대지에 빗물이 촉촉이 적셔주듯, 서로에게 사랑의 말을 전할 때 활력소를 준다.

목마를 때 냉수 한 컵이 정말 시원하지. 오늘도 자신과 다른 사람에게도 시원함을 줄 수 있도록 다정다감하게 살아가는 거야.

기쁨을 만드는 사람

행복한 사람치고 심술궂은 사람은 없다.

네덜란드 속담

/

January 12

/

이 세상에는 세 종류의 사람이 있다.
꼭 필요한 사람, 있으나 마나 한 사람, 있어서는 안 될 사람. 이중에 기쁨을 만드는 사람이 꼭 필요한 사람이다.
무관심이 팽배한 세대 속에서도 오히려 따뜻한 세상을 만들기 위해 모든 것을 아낌없이 주는 마음이 넉넉한 사람들이 있다.
기쁨을 만드는 사람들이 있어야 세상은 더 밝아지고 살맛이 난다.

삶을 기쁨을 만드는 제조기처럼 살 수 있으면 얼마나 좋을까. 이 세상 모든 사람에게 기쁨을 나누어줄 수 있다면 좋을 거야.

오늘 할 일은 오늘 하라

별들이 드리운 어두컴컴한 하늘을 물끄러미 올려다보면서
나는 처음으로 우주의 관대한 무관심에 내 마음을 활짝 열었다.

알베르트 카뮈

/

January 13

/

머릿속에 깊이 박혀 있는 나태함과 빈둥거림으로 허송 세월을 보내면 찾아올 막급한 후회를 어떻게 할 것인가. 오늘 할 일을 자꾸 미루면 삶은 어지러운 난장판이 되고 뒤죽박죽 엉망이 되어 버린다.

오늘 할 일은 미루지 말고 오늘 하라.

미루는 것도 습관이야. 습관이 중요한 거지. 늘 오늘 할 일을 하면 차례대로 이루어지게 되어 있어. 오늘도 최선을 다하는 하루를 살아가는 거야.

행복을 주는 말

말은 전쟁을 일으킬 수도 있다.
말은 내뱉는 순간 공중으로 사라지지만 그 말이 남긴 상처는 오래간다.

게리 스펜스

/

January 14

/

말은 마음과 마음을 이어주고 정다운 인사 한마디가 짧지만 행복하게 만들어 준다.
"사랑해, 고마워, 미안해, 잘했어!"
"넌 항상 믿음직해, 넌 잘 될 거야."
"네가 내 곁에 있어서 참 좋아."
행복을 주는 말을 정답게 표현하면 행복이 찾아온다.

행복을 주는 말을 남에게 해줄 수 있는 사람은 정말 행복한 사람이야. 사람들은 마음속에 있는 것을 말하고 살거든.

성공과 실패의 갈림길

성공하기를 원하는가?
그렇다면 이미 개척해 놓은 길이 아닌
그 누구도 가지 않은 새로운 길을 개척해야만 한다.

로스 피어스틴

January 15

성공과 실패에는 분기점이 있고 가능성을 찾아내느냐 없느냐에 따라 성공과 실패로 갈라진다.
가능성은 꿈을 찾는 것이고, 마음으로 강력하게 원하고, 끈기 있게 실천해 나갈 때 현실이 된다.
다른 사람의 부속품처럼 살지 말고 성공 엔진이 되어서 살맛 나게 살자.

성공과 실패는 자신의 마음에 달려있는 거야. 가만히 있느냐 도전하느냐 따라 달라지는 거지. 강력하게 꿈을 가져야 이루어질 거야.

세계를 가슴에 안을 때

소망은 바라는 것이 일어나기를 원하는 것이요.
믿음은 바라는 것이 일어날 줄 믿는 것이다.

노먼 빈센트 필

/

January 16

/

어항을 바라보고 있으면 '누가 왜 바다와 호수를 한 조각씩 잘라내어 팔았을까?' 하는 엉뚱한 생각이 들 때가 있다.
넓은 세상에 살면서 스스로 좁혀가며, 갇혀 지내며, 푸념하며 산다면 얼마나 어리석은가.
세상을 넓게 보며 세계를 가슴에 안는 일, 그만큼 멋있고 보람있는 일은 없다.
삶의 지경을 넓혀가자.

늘 갇혀 살지 말고 찬란한 태양을 봐. 그리고 나무들과 살아 있는 모든 것을 눈과 마음에 담아봐. 삶은 멋지게 살 가치가 있는 거야.

나도 할 수 있다

확고한 목표를 지닌 인간은그것을 반드시
성취하게 되어 있으며 그것을 성취하고자 하는
당신의 의지를 꺾을만한 것은 아무것도 없다.

벤저민 디즈레일리

/

January 17

/

세상에서 최고로 성공한 사람들의 속마음과 그들의 삶의 모습을 내 눈으로 볼 수 없어 그들의 일상을 나는 모른다.
그러나 그들이 성공한 이유는 남보다 열정을 가지고 근면하고 철저하고 치열하게 살아왔다는 것을 알 수 있다.
불타는 꿈과 목표를 가지고 최선을 다하며 살아왔다는 것을 알 수 있다.

일할 때, 운동을 할 때 땀 흘리고 나면 기분이 좋아지고 음식을 먹어도 맛있지.
삶은 그렇게 사는 거야. 기분 좋게 일하고, 기분 좋게 먹으면서 사는 게 최고야.

내가 사랑하는 것

사람은 사랑 없이는 강해질 수 없다.
사랑은 부적절한 감정이 아니기 때문이다.
그것은 인생의 피요, 분리된 것을 재결합시키는 힘이다.

파울 요하네스 틸리히

/

January 18

/

이 땅에 존재하는 모든 것을 다 사랑하고 사랑을 받아야 마땅하다. 풀 한 포기, 나무 한 그루, 돌멩이 하나, 모래알 하나 소중하지 않은 것이 하나도 없다.
사랑하는 가족, 집, 일터, 동료들, 친구들, 이웃들, 내 나라, 모두 다 내가 사랑하는 것들이다.
사랑이 나를 강하게 한다.

가족이 행복하지 않으면 되는 일이 없지. 가정이 행복의 보금자리가 되어야 아무런 근심 걱정 없이 살 수 있어.

동행하면 좋은 사람

사랑을 방해하는 것은 아무것도 없다.
사랑은 제아무리 이를 막아도 모든 것 속에서 뚫고 들어간다.
사랑은 영원히 그 날개를 퍼덕이는 것이다.

마티아스 클라우디우스

/

January 19

/

왠지 모르게 기분이 좋아지게 하고 의욕이 샘솟아 올라야 한다. 말과 행동 하나하나가 진실하면 만나면 즐거워지고 힘이 생겨난다.
마음을 편안하게 해주고 늘 기쁜 즐거움을 주기에 무슨 이야기든지 하고 싶어지고 늘 동행하면 좋은 사람이 되자.

늘 동행하는 사람이 있어야 외롭지 않지. 삶도 일도 그 무엇도 혼자서 하면 너무나 외로워. 함께 웃고, 함께 울고, 함께 즐거워할 수 있어야 해.

행복한 사람

삶은 우리가 무엇을 하며 살아왔는가의 합계가 아니라,
우리가 무엇을 진실하게 희망해 왔는가의 합계이다.

호세 오르테가이 가세트

/

January 20

/

사람들은 아주 작은 일들에서도 행복을 느끼며 살아간다.
하루 일을 잘 끝낸 행복, 예쁜 꽃을 보면서도 행복을 느낀다.
아침에 새소리를 듣는 행복, 아이들의 웃음소리와 사랑하는 사람과의 여행, 가족들과 식사 시간에서도 행복을 느낀다.
작지만 서로 나눌 수 있는 것만으로 기뻐하며 행복을 느끼며 살아간다.
행복할 수 있는 것은 너무도 많다.

행복한 사람이 누구냐, 나로부터 시작하는 거야. 사랑에 눈을 뜨면 보이는 모든 것이 아름답거든. 나부터 행복을 느끼면 다른 사람에게 행복을 줄 수 있지.

향기가 나는 삶

당신만 느끼지 못하고 있을 뿐 당신은 매우 특별한 사람이다.

데즈먼드 음필로 투투

/

January 21

/

사람을 행복하게 해주는 향기와 사람을 괴롭히는 지독한 냄새가 있다.

나무에서 향기가 나고 숲에서 풀에서 과일에서는 모두가 좋아하는 기분 좋게 하는 아주 좋은 향기가 난다.

사람도 됨됨이에 따라서 내뿜고 스며드는 향기가 전혀 다르다.

하루하루의 삶과 인생에 모두가 좋아하는 향기로 가득 채울 수 있다면 얼마나 좋을까!

나에게서는 어떤 향기가 날까. 선한 마음으로 살아가면 다른 이들이 좋아하는 향기가 날 거야. 친절하고 아름답게 살아가야지.

미치도록 몰두하라

할 수 있는 능력이 있는데도 불구하고
당신이 원하는 발전을 이루지 못한다면
그것은 당신의 목적이 분명하지 않기 때문이다.

폴 J. 마이어

/

January 22

/

미친 듯이 일에 몰두하는 사람은 자기가 하고자 하는 일에 열정을 다 쏟아 붓는다.
꿈과 목표가 이루어질 때까지 자신이 원하는 일에 모든 것을 다 쏟아 부어 이루어낸다.
어떤 방해와 시련과 역경이 찾아와도 굴복하지 않고 미치도록 해낸다.

무슨 일이든지 미친 듯이 집중하지 않으면 결코 전문가가 될 수 없지. 달인들은 즐겁게 웃으며 열심히 일하고 있어.

화를 함부로 내지 마라

화는 모든 불행의 근원이다. 화를 안고 사는 것은
독을 품고 사는 것과 마찬가지다.
화는 인생의 많은 문을 닫히게 한다.

틱낫한

/

January 23

/

잘못된 일이 있으면 화내는 것은 지극히 당연한 일이다. 화를 내면 마음이 어두워지고 짜증과 신경질로 남에게만 상처를 주고 자신에게도 깊은 상처를 남긴다.
화를 내면 사람을 잃어버린다.
화를 내지 않으면 마음이 잔잔해지고 불행한 일이 잘 생기지 않는다.
화를 다스리면 진정한 행복을 얻는다.

쓸데없이 화를 내지 말아야지. 화를 내면 기분도 더 나빠지고 되는 일도 없잖아. 웃으면서 기분 좋게 시작하는 거야.

날마다 새롭게 살자

어떤 일을 하는 사람이 그 일을 바르게, 더 훌륭하게 하려고 노력할 때에 그 활동은 창조적인 것이 된다.

존 업다이크

/

January 24

/

날마다 새롭게 살아가기 위해서는 낡은 시계도 새로운 시간을 알려 주듯, 꿈도 현실이 되도록 만들어 가야 한다.
생각을 어떻게 하느냐에 따라 결과와 모습이 전혀 다르게 나타난다.
마음을 열정으로 닦고 기름칠을 해서 내일을 향해 힘차게 살아가자.

"저 사람 왜 생각이 없이 사는 거야." 이런 말을 들으면 안 되지. 생각할 때는 깊이 있게 하고, 행동할 때는 빠르게 해야지.

행운을 불러들여라

행운은 눈이 멀지 않았다.
따라서 반드시 부지런하고 성실한 사람에게 찾아간다.
노력하는 사람에게 행운이 찾아온다.

조르주 클레망소

/

January 25

/

삶은 위대함으로 가는 길과 평범하게 사는 길이 있다.
높은 산은 올라가기가 힘들지만 올라가면 드넓은 평야가 보인다.
세상을 향해 가슴을 활짝 열어라!
나쁜 상상을 하지 말고 행복한 상상, 멋진 상상을 하며 내일의 행운의 주인공이 되자!

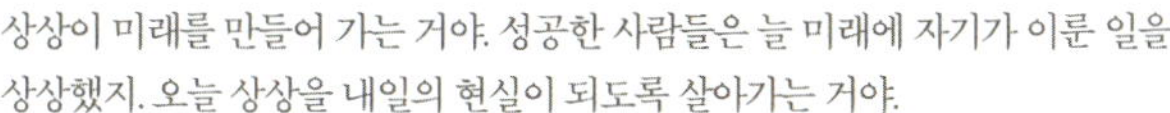

상상이 미래를 만들어 가는 거야. 성공한 사람들은 늘 미래에 자기가 이룬 일을 상상했지. 오늘 상상을 내일의 현실이 되도록 살아가는 거야.

성공을 만드는 재료

성공이란 수천 가지 작은 일들을 제대로 하는 것,
그리고 그 가운데서 많은 일을 되풀이해서 반복하는 것이다.

찰스 월그린 1세

/

January 26

/

주변에 보면 꼭 이런 사람이 있다.
“저 사람은 왜 그렇게 잘 될까?”
하는 일마다 정말 신기할 정도로 잘되는 사람이 되자!
자신의 열정과 자신감과 비전은 성공을 만드는 최고의 재료다. 성공하려면 일을 즐겁게 하고 불평하지 않고 적극적이어야 한다.

우리 마음에는 성공을 만드는 재료가 많지. 늘 실망하는 사람은 마음이 텅텅 비어 있어 아무것도 할 수 없지만, 우리는 마음껏 쓸 수 있지.

솜씨를 발휘하라

솜씨가 좋다는 표현은 상자 속에 물건을 담는 것과 마찬가지다.
짐을 꾸리는 사람은 솜씨가 서툰 사람보다
훨씬 더 많은 물건을 상자 속에 집어넣을 수 있다.

새뮤얼 스마일스

January 27

자신이 가진 솜씨를 잘 발휘해야 한다.
뱃사람의 솜씨를 알 수 있는 것은 폭풍우가 불고 파도가 거세게 칠 때고, 장수의 용기를 볼 때는 전쟁터다.
가장 위험한 순간에 처했을 때 사람의 됨됨이를 알 수 있다.
말보다 행동으로 옮겨야 하고 성공의 100퍼센트는 시작에 달려있다.

솜씨를 한 번 내봐. 늘 안 하려고 하기 때문에 못하는 거야. 오늘은 잘 할 거야. 자꾸만 해야 솜씨도 늘지, 멋지게 해봐!

인생을 성공으로 이끄는 행동

인생을 성공으로 이끄는 행동은
기본적으로 엄격한 규율에서 만들어져 나오는 것이 아니라
바로 꿈, 목표, 가치, 전략, 이 네 가지에서 자연스럽게 흘러나오는 것이다.

보도 셰이퍼

/

January 28

/

자기의 분야에서 최고가 되고 싶다면 자신의 고정된 틀에서 벗어나야 한다.
높이 나는 새가 멀리 바라보고 아침에 일찍 일어나는 새가 먹이를 먼저 찾는다.
틀은 변화를 일으키지 못하지만, 자신의 모든 것을 쏟아 부으면 자기 분야에서 최고의 명장이 된다.

자기 분야에 최고가 된 사람은 오랜 세월 동안 정말 열심을 다한 사람들이지.
뒤돌아볼 시간도 없이 살아온 결과야.

나만의 길을 개척하라

고난은 뛰어넘기 위해서 존재하는 것이다.
그러므로 당장 고난에 맞붙어서 싸워라.
일단 싸우다 보면 그것을 극복할 수 있는 방법을 찾게 될 것이다.

린더스트

January 29

하나의 절망을 극복해 나가면 다른 절망도 쉽게 극복할 수 있고 절망을 딛고 일어서야 한다.
뼈저린 절망에 통한의 눈물이 흐르고 벌겋게 부풀어 오른 상처가 저려도 앞으로 나가야 한다.
남이 만든 길이 쉬운 길이 아닌 자신이 가야 할 길을 만들어가야 한다.

새로운 분야가 있는 것은 개척한 사람들이 있기 때문이지. 모든 분야는 발전을 거듭해 온 거야. 새로운 분야의 주인공이 되어 보면 어떨까.

휴식을 즐겨라

진정한 휴식은 바쁜 작업을 멈추는 것이 아니라
그 작업 환경에 자신을 맞추는 것이다.

존 S. 드와이트

January 30

머리가 터질 듯 괴로우면 신경질 내며 짜증을 내지 말고 잠시 휴식시간을 가져라.
고통도 뭉치면 병이 되지만 풀면 도리어 약이 된다!
책을 읽고 영화를 보라!
산책하고 사색하고 여행을 떠나고 맛있고 뜨거운 커피를 마시며 삶에 흥미와 재미를 느껴야 한다.

일을 하다가도 휴식할 줄 알아야 해. 우리가 사람이지 기계가 아니잖아. 울적하면 찾아와 커피는 내가 살게.

웃음의 꽃을 피워라

웃음은 마치 음악과 같은 것이다.
웃음이 마음속에 깃들어 그 멜로디가 들리는 장소에서는
인생의 여러 가지 재앙이 사라진다.

다니엘 샌더스

/

January 31

/

행복한 웃음을 신나게 웃어라.
웃음은 삶에서 피어나는 꽃이며, 최고의 기쁨의 표정이고, 만족함을 얼굴에 표현하는 것이다.
웃음은 마음의 거울이고, 삶의 지루함과 고독함을 없애주는 최고의 약이며, 날마다 즐겁고 기쁘게 살게 만든다.

웃으면 기분이 좋아지고 얼굴 피부도 좋아지지. 인상 쓰지마. 멋진 얼굴이 망가지니까. 날마다 웃어봐. 일이 잘 될 거야. 아마 내 말이 맞는다고 좋아할 걸.

HEART ♥ FLUTTERING

February

꽁꽁 얼어 붙은
길고 지루한 시간이
지나 간다.

……

봄을 잉태하는
마음이
연신 설렌다.

……

2월

……

파릇파릇
새싹을
예열하며

청춘은 한순간이며 아름다운 꽃이다.
그러나 사랑은 세계를 얻은 보석이다.

유진 글래드스턴 오닐

자신감을 가져라

자신감을 얼마나 갖고 있는가에 따라서 일의 성과도 달라진다.
기쁜 마음으로 일하게 되면 그것이 사무적인 일이건
육체적인 노동이건 뜻있는 결과를 생산해내는 것이다.

새뮤얼 스마일스

/

February 01

/

자기가 하고 싶은 일을 할 때 확신이 생기고 힘이 솟아나 목표하던 일을 열정적으로 한다.
성공으로 만들어 가는 출발점이지만 용기가 없으면 시도도 하지 못하고 프로가 되지 못한다.
자신감이 있을 때 힘차게 일할 수 있고 누구나 당당하게 살아갈 수 있다.

자신감을 갖고 살아가는 거야. 기억은 머리에 남지만, 추억은 가슴에 남는다고 하잖아. 먼 오늘을 생각할 때 멋진 추억이 되도록 잘 사는 거야.

아주 작은 것부터 시작하라

인생의 눈물을 거둬들이고 싶은 자는
사랑의 씨를 뿌려야 한다.

루트비히 판 베토벤

February 02

크고 위대한 일을 해낸 사람들은 갑자기 성공한 것은 결코 아니다. 작은 일들을 이루어 감으로써 크고 거대한 일들을 이루어낼 수 있는 것이다.
산에 올라가 보라. 산이 큰 나무로만 이루어졌는가. 이름 없는 풀이 온 산을 덮고 있다. 그 모든 것이 아름다운 산을 만들고 있다.
작은 것도 너무나 소중하다.

해변의 모래도 한 알 한 알 모여 이루어진 거야. 강물도 마찬가지지. 물방울 하나하나가 모여 된 거야. 작은 일부터 시작해도 큰일이 될 수 있어.

마음껏 펼쳐라

승리는 목적이 아니다. 목적을 이루는
하나의 단계이며 장애물을 제거하는데 지나지 않는다.
목표를 잃으면 승리도 공허해진다.

자와할랄 네루

February 03

환경이나 조건 때문에 삶을 포기하는 일은 없어야 한다.
살아 있는 작은 물고기는 세차게 흐르는 물을 거슬러 올라가지만 죽어 있는 큰 물고기는 아무리 커도 둥둥 떠내려가고 만다.
세월 따라 헛되이 흘러가며 사는 것은 참 어리석은 사람이다.
커다란 날개를 단듯이 품은 뜻을 세상에서 마음껏 펼치며 나아가보자.

지금 이 시간이 아주 중요해. 마음을 활짝 펴고 시작해봐. 처음부터 잘 된 사람은 없어. 포기하지 말고 염려만 하지 말고 달려가는 거야.

모험을 즐겨라

모험은 세상에 대한 생생한 경험을 제공해 줄 뿐만 아니라,
두려움의 경계를 무너뜨리고 삶의 길에 놓여 있는 방해물들을 제거해준다.

마사 베크

/

February 04

/

갑작스럽게 큰일을 당하면 떨고, 겁에 질려 당혹감에 허둥대고, 가슴이 새가슴이 되어 뛰게 된다.
다리가 후둘후둘 떨리고 심장이 조여 들어와 감당하지 못할 때도 있다. 그 순간에도 존재하고 살아 있기에 극한 상황도 돌파하고 극복할 수 있다.
인생의 모험을 즐겨라.

우리 인생은 모험이야. 하지만 부메랑이지. 내가 어떻게 살아가고 어떻게 행동하느냐에 따라 꼭 결과가 그대로 돌아오거든. 그래서 성실하게 살아야 해.

큰 흐름을 타라

다리를 움직이지 않고 좁은 도랑을 건널 수 없다.
비록 재주가 뛰어나지 못하더라도
꾸준히 노력하는 사람이 반드시 성공을 거두게 된다.

알랭(에밀 오귀스트 샤르티에)

February 05

큰 강에 돌을 몇 개 던져도 강은 모습을 흐트러지지 않고 바다로 유유히 흘러간다.
실패의 순간에 마음이 흐트러지면 강 같은 넓은 마음이 아니고 아주 작은 웅덩이에 지나지 않는다.
큰 흐름을 타고 흘러나가야 모든 일을 수월하게 해낼 수 있다.

잔챙이 물고기처럼 살지 말아야 해. 기왕에 사는 인생 큰 강의 큰 물고기처럼 사는 거야. 물론 어려움도 시련도 있지만. 그게 사는 맛이야.

자신의 장점을 살려라

현명한 사람은 모든 것에서 무엇인가를 배우는 사람이다.
강한 사람은 자기를 억제하는 사람이다.
부자인 사람은 자기의 분수에 만족하고 있는 사람이다.

탈무드

/

February 06

/

누구나 독특한 개성과 장점이 있다.
이야기를 잘하는 이야기꾼들을 보면 그 사람만의 독특한 매력이 있다.
이야기를 마음껏 풀어놓으며 사람들을 웃기고 울리며 당겼다가 놓으며 사람들의 마음을 사로잡는다.
세상을 넓게 보며 장점을 찾아주는 것은 참 즐겁고 기분 좋은 일이다.
나만의 장점을 찾아보자.

단점만 가지고 있는 사람은 하나도 없을 거야. 누구나 몇 가지 장점과 잘하는 게 있지. 그 좋은 장점을 살려나가면 되는 거야.

성품을 다듬어라

가면을 벗자.
우리가 찾던 모든 의문의 해답은 우리 안에 있다.

토마스 서 브라운

February 07

성품이 좋은 사람과 같이 있으면 기분이 좋아지고 오래도록 같이 있고 싶다.
그런 사람은 마음을 편하게 따뜻하게 해주고 때때로 기쁨과 감동을 준다. 비전을 분명하게 이루어 간다.
누구나 실패하고 넘어지고 쓰러지는 것이 삶이고 세상살이가 아닌가. 어느 누구도 완벽하지 않다.

사람이 거칠면 좋을 것이 하나도 없어. 성깔 있게 살면 자기도, 주변 사람도, 가족도 남은 것은 상처뿐이야. 마음을 바꿔서 잘 사는 거야.

집중하라

어떤 한 가지 일만을 집중적으로 생각하고 있으면
그것이 실마리가 되어서 더욱더 깊은 곳까지 생각이 미치게 된다.
그리고 마침내는 나의 온 정신을 쏟아 이 문제를 연구하게 되는 것이다.

요하네스 케플러

February 08

한 가지 목표가 분명한 사람은 하고 싶은 일에 전력투구하고, 집중해서 일하며, 모든 방해물을 없애버린다. 세계 정상급에 서 있는 스포츠 선수들은 한결 같이 올림픽 금메달의 꿈을 갖고 온 열정을 경기에 다 쏟는다. 당신도 당신 인생의 경기장에 꿈과 열정을 쏟아보라. 꿈은 현실이 되어 돌아온다.

늘 어설프게 후다닥 일을 끝내 버리면 실패하지. 완성품이 나올 때까지 명장과 달인의 마음으로 집중해서 하는 거야. 남들도 하는데 못할 것 없잖아!

발길이 무거워질 때

할 수 있는 능력이 있는데도 불구하고
당신이 원하는 발전을 이루고 있지 못한다면
그것은 당신의 목적이 분명하지 않기 때문이다.

폴 J. 마이어

/

February 09

/

힘들고 지쳐서 발 길이 무거워질 때 괴롭다 끙끙대지만 말고 즐거운 생각을 떠올리며 부드럽게 걸어라. 인생 한 번 이럴 수도 있지 하며 잘 될 거라는 마음을 갖고, 또 이런 일은 다시는 없을 것이라고 생각하면서 걸으면서 허허 웃으면 무거움도 점차 사라질 것이다.

계획 없이 살면 만날 그 타령이 그 타령이 되는 거야. 부자가 되려면 부자의 꿈을 꾸어야 해. 계획을 종이에 적어보고 하나씩 이루어 가는 거야.

풍부한 유머를 가져라

참된 유머는 머리로부터 나오기보다 마음으로부터 나온다.
그것은 웃음에서 나오는 것이 아니라
훨씬 깊숙이 놓여 있는 조용한 미소로부터 나온다.

토머스 칼라일

/

February 10

/

풍부한 유머는 마음을 즐겁게 하고 인간관계를 잘 맺어 준다.
유머가 좋은 점은 긴장이 사라지고 포근하고 따뜻한 마음을 주고받게 해준다.
마음을 밝게 함께 웃으면 기분이 좋아지고 힘이 생기고 마음이 열린다. 서로 공감할 수 있고 즐거운 마음에 친근감이 생긴다.

웃음은 약한 마음에 희망을 주는 거야. 유머가 있으면 사람을 끌 수 있는 힘이 생겨나지. 인상을 쓰며 사는 사람보다 더 많은 일을 해낼 수 있어.

친절을 베풀어라

친절한 마음은 주변을 신선하게 하여
모든 것을 웃음 동산으로 만드는 기쁨의 샘이다.

위싱턴 어빙

February 11

친절을 베풀며 살아가며 늘 배려하고, 격려하고, 칭찬해주고 힘이 되어 주는 사람이 되어야 한다.
누구나 친절하게 대하면 좋아하고 친절을 베풀면 자신의 마음도 편안해진다. 누구에게나 호감을 주게 되고 사람을 만나기가 그만큼 쉬워진다.
착한 일을 하는 것은 최고의 기쁨이다.

오늘은 온종일 친절한 마음으로 살아봐! 일도 잘 풀리고, 밥도 맛있고, 저녁에 집으로 돌아가는 발걸음도 한결 가벼워질 거야.

우정에 깊이 빠져라

사랑은 세상에서 가장 좋은 것이고 제일 오래 가는 것이다.
사랑은 우정이 불타는 것이다.

헨리

/

February 12

/

우정이 가득하면 행복해지고 우정의 힘은 삶의 모습을 변화시킨다.
나부터 먼저 우정을 주고받으며 사랑을 나누며 살아야 한다. 우정은 지루하고 벅차고 힘들 때 활기찬 모습을 가질 수 있는 힘을 준다.
자기의 모든 것을 다 주고도 왠지 부족한 느낌이 드는 것이 우정이다.

우정을 나누고 살면 행복해. 오늘은 친구에게 전화를 걸어볼까. 오랜 만에 만나 식사도 하고 커피도 한 잔 해야지.

나눔이 있는 삶

열심히 나누어주는 사람은 누가 뭐래도
행복한 사람, 마음이 든든한 사람, 만족하며 사는 사람,
그리고 잘 사는 사람이다.

에릭 버터워스

/

February 13

/

나눔은 곧 사랑에서 이루어지고, 사랑을 나눌 때 배가 되고, 슬픔을 나눌 때는 반감이 된다.
나눔은 서로 공존하게 만들고, 풍요로운 마음을 갖게 한다.
나눔은 모든 마음을 품어주고, 진실한 것을 체험하게 하고, 삶을 근본적으로 바꿔놓는다.

나눔이 있는 삶은 참 행복한 삶이지. 나눌 것이 없다고 말하지 말고 마음부터 나누면 되는 거야. 그게 나눔의 시작이야.

끼를 부려라

지금 곧 간단한 노력으로 할 수 있는 일부터 시작하여
일단 성취감을 맛보아두면 뒤에 어떤 난관이 닥치더라도
그것을 돌파할 용기가 솟는 법이다.

다케우치 히토시

/

February 14

/

끼는 전문가가 되라는 말이고, 성공하려면 끼가 있어야 한다.
끼란 어떤 특정한 분야에 소질, 취미, 취향 같은 것들을 말한다. 자기 분야에서 만큼은 확실하고 분명하다는 말을 들어야 한다.
끼를 발휘할 줄 알아야 자기의 재능을 쏟아내어 성공한다.
끼는 성공의 원천이다.

사람들에게는 누구나 끼가 있지. 끼를 부릴 줄 아는 사람이 성공할 수 있어. 끼가 없다고 투덜거리지 말고 찾아봐. 분명히 있을 거야.

꿀벌에게 배워라

우리의 나태함에 대한 결과는 두 가지가 있다.
자신은 성공하지 못하는 것과 타인은 성공하는 것이다.

쥘 르나르

February 15

꿀통을 채우는 꿀벌에게서 끈기와 열심을 배워야 한다. 우리가 무엇을 가지고 있느냐가 아니라, 무엇을 하느냐에 따라 달라진다. 요리사의 칼은 요리를 만들고 범죄자의 칼은 범죄를 일으키는 것이다.
행복하게 사는 사람은 수확의 기쁨을 누리며 산다.

꿀벌에게 부지런함을 배우는 거야. 열심히 일하는 사람은 불평불만이 없지. 주변을 돌아보면 늘 불평하는 사람은 일도 못해. 오늘도 부지런하자.

아름다워지고 싶다면

사랑은 나 이외의 사람에 대한 행복을 위해서 발이 되는 것이다.
인생에서 수많은 모습이 있지만 그것을 해결할 길은 오직 사랑뿐이다.

레프 니콜라예비치 톨스토이

/

February 16

/

입술이 아름다워지고 싶다면 사람들에게 친절한 말을 하라.
눈이 아름다워지려면 남에게 먼저 좋은 점을 보아라.
몸매가 날씬해지려면 음식을 배고픈 사람과 나누어라.
마음을 아름답게 만들고 싶다면 사람들에게 상처를 주지 말아야 한다.

모든 일에는 노력이 필요한 거야. 밭에 씨를 뿌리지 않고 거두는 농부가 없는 것처럼. 우리의 삶도 아름답게 살기 위해서는 노력이 필요해.

삶에서 중요한 것은

청춘은 한순간이며 아름다운 꽃이다.
그러나 사랑은 세계를 얻은 보석이다.

유진 글래드스턴 오닐

February 17

삶에서 정말 중요한 것은 갖고 있는 재산이나 소유물이 아니라, 어떤 모습으로 살고 있느냐가 중요하다.
삶의 가치는 가지고 있는 것이 아니라, 어떤 일을 어떻게 하고 있느냐가 삶의 진정한 가치를 말해준다.
근성을 갖고 끝까지 될 때까지 내가 즐거워하는 일을 해보자.

삶에서 중요한 것을 아는 사람은 삶을 가치 있게 살아가지. 시간은 머물지 못하고 흘러가는데 삶을 가치 있게 살지 못하면 가슴 치며 통곡할 거야.

늘 부지런하게 살자

아무리 높다 하더라도 인간이 도달할 수 없는 곳은 없다.
노력으로 한발 한발 다가가자. 근면으로 차근차근 올라가자.
자신 있게 조금씩 정취하자!

요한 군나르 안데르손

/

February 18

/

꾸물거리거나 서성거리거나 망설이지 말고 매사에 부지런하게 일하며 살자.
늘어지고 나태해지면, 일을 자꾸 뒤로 미루면, 일도 손에 잡히지 않는다.
나태한 것은 정신 상태를 태만하게 만들고, 일을 자꾸 뒤로 미루는 것은 악마가 주는 악한 마음이다.
부지런하면 재물이 온다.

장사가 잘 되는 집 사람들은 웃음이 있지. 손님이 많은 식당을 찾아가보면 주인부터 모두 다 즐겁게 일하는 것 볼 수 있어. 오늘도 웃으면서 살아야지!

이정표를 바로 보고 가라

이 세상에서 성공하자면 두 가지 길밖에 없다.
하나는 자신의 근면에 의한 것,
또 하나는 남의 어리석음에 의해 덕 보는 것.

장 드 라브뤼예르

February 19

이정표는 길을 안내해 주는 길잡이다.
이정표를 바로 보고 가야 목적지에 빠른 시간에 제대로 도착할 수 있다.
머뭇거리거나 서성거릴 시간이 없다.
이 세상에 어디든 어느 곳이든 영원히 살 사람은 아무도 없기에 머뭇거리거나 서성거리지 말고 뒤돌아보아도 후회 없는 삶을 살아야 한다.

고속도로에서 아차 하는 순간 지나쳐서 많은 거리를 다시 돌아온 경험이 있을 거야. 삶도 마찬가지야. 목표가 뚜렷해야 방황하지 않아.

쓸데없는 걱정을 하지 마라

걱정은 출처가 무엇이건 간에
우리를 약화시키는 것이요, 용기를 앗아가는 것이요,
그리고 인생을 단축시키는 것이다.

존 랭카스터 스팔딩

/

February 20

/

걱정을 일부러 만들어서 산다면 참 멍청하고 어리석은 사람이다. 일어나지 않을 일이나 별로 신경 쓰지 않아도 되는 일을 걱정하는 것은 핑계요 태만일 뿐이다.
진짜 걱정해야 할 것이 있어도 걱정하는 시간에 일을 한다면 걱정이 저만큼 멀리 사라질 것이다.

만날 한숨만 몰아쉬고 푸념이나 늘어놓고 쓸데없이 걱정만 하는 사람들치고 잘 사는 사람 없지. 걱정할 시간이 있으면 행동하는 거야. 그래야 잘 살지.

얼굴 모습은 만들어진다

인생은 짧고 다시 되돌릴 수도 없다. 하지만 우리는 삶의 순간순간마다
존재의 경이로움에 놀라며 삶의 의미를 맛볼 수 있다.
이 얼마나 알알이 소중한 시간들인가?

마이클 버그

February 21

나이가 들어도 곱게 늙어가는 사람을 보면 존경심이 생긴다.
삶을 얼마나 아름답게 살아왔으면 저렇게 멋지게 나이가 드는 것일까?
사람은 자신의 모습이 얼굴에 그대로 나타난다.
삶을 진실하게 살아서 얼굴에 삶의 흔적을 잘 남겨야 한다.

인생이란 세상의 모든 말로 표현해도 다 못할 거야. 중요한 것은 자기의 인생은 자신이 책임지며 살고, 마음껏 표현하며 살아야 결과가 좋다는 거야.

숲길을 걸어라

만약 행복을 얻고자 하면 숲 속에서 버섯을 찾듯 행복을 찾아야 한다.
그리고 찾거든 독버섯이 아닌가 잘 조사해야 한다.

막심 고리끼

February 22

숲길을 편안하게 걸으며 모든 것을 다 내려놓고 아주 천천히 걸으면서 풀과 나무, 산과 하늘을 새롭게 만나보라. 나무의 이름을 불러보고 키작은 들꽃들과 눈맞춤을 해보라.
시간이 흐르면 흐를수록 고요함 속에 편안함을 느끼면 자연이 얼마나 아름다운지, 삶이 얼마나 소중한지를 깨닫게 된다.
행복을 느끼게 된다.

가슴이 답답하면 숲길을 걸어봐, 공기가 달라. 온몸이 좋다고 소리를 지를 거야. 조금만 부지런을 떨면 삶이 상쾌해질 수 있어.

꾼이 되라

성공은 능력보다 열정에 의해 좌우된다.
승리자는 자신의 일에 몸과 영혼을 다 받친 사람이다.

찰스 북스톤

/

February 23

/

꾼은 자기 분야에 전문가가 되고 최고의 실력을 발휘할 줄 안다.
전문가가 되기 위해 노력해야 하고, 자기 분야의 책을 3,000권 이상을 읽고, 저술가가 되고, 강연자가 되고, 전문가가 되라.
자신의 일에 최고의 장인이 되어 일만 하는 일꾼이 아니라, 자기 분야에서 최고의 꾼이 되어야 한다.

꾼이 되지 못하면 자기 분야에서 최고라고 할 수 없지. 꾼이 되려면 능숙하게 해낼 수 있어야 하는 거야. 세월이 흐르면 흐를수록 진정한 꾼이 되려고 노력해야 해.

박수 받는 삶

그대가 하고 싶은 대로 어떤 사람의 마음속을 들여다보라.
그대는 항상 누구에게서나 그가 숨겨두어야 할
적어도 하나의 검은 점을 발견할 것이다.

헨리크 입센

/

February 24

/

남에게만 박수치지 말고 자신도 박수 받는 삶을 살자.
박수는 긴장을 해소하고, 자신감을 높여주는 힘이 있고, 다이어트에 도움이 되고, 질병 예방에 치료 효과가 있다.
박수를 손바닥으로 치면 내장기능이 좋아지고 주먹끼리 치면 뭉친 어깨 근육을 풀어준다.

오늘은 박수 칠 일이 생겼으면 좋겠어. 좀 신나는 일, 신바람이 나는 일이 없을까? 남에게 박수쳐 주고 나도 받을 수 있는 일을 만들어야지.

강하게 살라

당신의 생각이 바로 당신이다.
당신의 삶을 변화시키려면 사고방식을 바꾸어야 한다.
변화는 언제나 새로운 사고방식에서 시작된다.

나폴레온 힐

/

February 25

/

강인함이란 온갖 시련과 어려움 속에서 용감하게 맞서고, 슬픔과 고통을 이겨내는 힘이다.
절망의 웅덩이에 빠져보고 나서야 인생의 쓴맛을 알 수 있다.
비바람과 태풍 속에서도 일어나야 하고, 한겨울 꽁꽁 얼어버릴 것 같은 추위 속에서도 강해지는 것이다.

실패란 바느질할 때 옆에 두는 것이 실패고, 포기란 배추를 셀 때 한 포기 두 포기 세는 것이라는 말이 있지. 실패와 포기는 경험으로 받아들여야 해.

마음의 들판을 가꿔라

항상 당신의 능력보다 한 단계 높여서 목표를 세워라.
당신이 뛰어넘을 수 있는 일을 시도해 보라!

윌리엄 포그너

/

February 26

/

사람의 마음은 들판과 같다.
토끼와 사슴이 뛰놀게 할 수 있고, 사자와 호랑이와 여우가 먹이를 찾아다니게 할 수도 있다.
마음을 유혹에 넘어가도록 내버려두면 수많은 상처를 받을 수 있다. 잘못된 생각을 던져버리고 행복이 쑥쑥 자라도록 만들어야 한다.

우리의 마음에 오늘 찾아오는 것들은 어떤 것일까. 좀 궁금해지는데 잘 만나서 잘 지내야지. 오늘은 왠지 좋은 일이 생길 것 같아.

가능성을 가능으로 바꿔라

정상에 오른 성공자들은 반드시 이루어야 할 사명에 목숨을 건 사람들이다.
이들은 누가 보아도 일에 푹 빠져 있다는 것을 알 수 있다.

찰스 가필드

/
February 27
/

모든 사람은 다 무한한 가능성을 가지고 있다.
중요한 것은 가능성을 어떻게 가능으로 바꾸며 살 것인가를 말한다.
사람들은 자신이 바라는 것들을 눈앞에 보이게 만드는 능력이 있다. 숨어 있는 능력을 찾아내어 꿈을 이루어 놓아야 한다.

자기에게 숨겨져 있는 능력을 잘 찾아내어 쓰는 사람이 정말 능력 있는 사람이야. 오늘도 우리에게 있는 가능성을 찾아내어 가능으로 바꾸어놓자.

감사하는 마음

감사하는 마음은 삶을 풍요롭게 한다.
감사의 마음은 우리가 가진 것을 차고 넘치게 해준다.

멜로디 비티

/

February 28

/

늘 감사하는 마음을 가지고 살면 기분이 상쾌해지고 행운이 찾아오고, 가족들에게 감사하면 마음이 행복해진다.
직장생활에 감사하고 동료와 부모형제, 친구들에게 감사하면 인간관계가 좋아진다.
어떤 환경 속에서 감사하는 마음은 행복이 찾아오게 하는 좋은 방법이다.

세상에서 제일 기분 나쁜 사람이 감사할 줄 모르는 사람이야. 도와주어도 감사할 줄 모르고 당연하게 생각하는 거지. 감사는 나부터 시작하는 거야.

BEGIN
AGAIN

FIRST
LOVE

March

촉촉히
나리는
봄비

……

술잔 속에
첫사랑
그대, 잘 살고 있는지

……

3월

……

바람결에
님소식
기다리며

성공을 위해 가장 중요한 것은
꼭 성공하고 말겠다는 확고한 결심이다.

에이브러햄 링컨

큰 나무에게 배워라

생명은 자연의 가장 아름다운 발명이며,
죽음은 더 많은 생명을 얻기 위한 자연의 계교다.

요한 볼프강 괴테

March 01

큰 나무가 그 오랜 세월 말없이 굳건히 서서 자라는 모습에서 세월이 얼마나 놀라운 일을 만들어 놓는지 그 비결을 배워야 한다.
흔들리지 않는 견고함과 인내심, 무엇이든지 성숙하고 하나의 작품이 되려면 최고의 걸작품이 되어야 하고 오래 참고 견디는 것을 배워야 한다.

오늘 시간이 있으면 큰 나무 아래서 나무를 한 번 쳐다봐! 그 오랜 세월을 어떻게 지내왔는지 한 번 물어보아도 좋을 거야. 한순간 잘 되는 건 물거품이야. 열심히 살자구.

꾀를 부려라

성공의 비결은 당신이 고통과 즐거움에 휘둘리는 것이 아니라,
그 고통과 즐거움을 활용하는 법을 배우는 것이다.
만일 그렇게 된다면 당신은 자신의 인생을 지배하게 될 것이다.

앤서니 라빈스

/

March 02

/

꾀란 수작이나 잔꾀가 아니라, 한계를 뛰어넘는 지혜를 가지라는 것이고 지식, 재능 등과 같은 지적인 능력 말한다.
잔꾀를 부리면 성공하지 못하고 눈가림은 속일 뿐 곧 들어난다.
꾀란 엉뚱한 수작이나 권모술수가 아니라 지혜롭고 당당하게 자신의 일을 하는 것이다.

삶은 장난이 아니야. 시간만 보내고 월급만 타는 걸 좋아하면 결국에는 신세 망치는 거야. 항상 일은 제대로 건실하게 해야 대우를 받는 거야.

친밀감을 가져라

우리는 우리가 꾸는 모든 꿈을 이룰 수 있다.
끝까지 포기하지 않을 용기만 있다면 말이다.

월트 디즈니

March 03

친밀감이란 서로 가깝게 느끼고 서로 맺어졌다고 느끼는 상태를 말한다.
사랑할 때 느끼는 따스한 감정이며, 행복을 증진 시키고자 하는 욕망이다.
어려울 때 서로 이해해 주고 함께 나누어 갖고 싶은 것이다.
사랑하는 사람과 가까이 대화를 나누고 소중하게 여기는 것이다.

사람들과 어색하게 불편하게 지내면 좋은 것이 무엇이야. 쓸데없는 자존심을 버리고 잘 지내는 거야. 그래야 어려울 때 도움을 받기 쉽지.

삶에서 가장 좋은 것

긍정의 힘은 삶의 가능성을 말한다.
감사하는 태도는 정말로 우리에게 선물을 안겨준다.
우리는 물론, 주변 사람들 모두를 행복하게 해준다.

데보라 노빌

/

March 04

/

삶에서 가장 좋은 것은 무엇일까?
사랑에 폭 빠지면 좋고, 하고 싶은 일을 하고 살면 좋고, 몸을 깨끗하게 씻을 때 좋다.
사랑하는 사람과 맛있는 음식을 먹으며 소곤소곤 대화를 나누면 좋고, 어려운 사람들에게 봉사를 하고 바라던 일들이 이루어지면 좋다.

아침에 커피가 맛있는 날은 왠지 일이 잘되지. 커피가 왠지 쓴맛뿐이라 통째로 버린 날은 일도 자꾸만 얽히기만 하지. 한 잔의 커피로 기분을 바꿔보자.

끈을 잘 묶고 풀어라

희망에 사는 사람은 음악이 없어도 춤을 춘다.

영국 속담

March 05

끈을 묶고 잘 풀 줄 알아야 하는 것처럼, 인맥을 잘 활용할 줄 알아야 한다.
지연, 학연, 혈연 모두가 중요하지만 어떤 인연도 무시할 수가 없다. 모든 일은 사람 속에 이루어지지만 끈보다 중요한 것은 진실과 실력이다.
대인 관계와 인맥은 어떤 관계도 잘 묶고 풀어야 인생도 잘 풀린다.

인생은 모든 것을 잘 묶고 풀어야 해. 가족관계도 인간관계도 사업도 모두가 끈이야. 연습도 필요하지. 처음부터 잘 되는 것은 아니잖아.

스트레스에서 벗어나는 길

용기란 겁이 없는 것이 아니라,
겁보다 중요한 것이 있음을 깨닫는 것이다.

영화 <프린세스 다이어리 2>에서

/

March 06

/

스트레스에서 벗어나려면 생각을 밝게 가져야 한다. 자신의 능력을 철저히 활용하고 매사에 쉽게 실망하지 말아야 한다.
쓸데없는 적개심을 품지 말고 어려움이 있고 하던 일이 막혔을 때는 스트레스를 받아 풀 죽는 것이 아니라, 사라지도록 확 풀어버려야 한다.

살면서 종종 생기는 스트레스를 단 한 번에 날려 보낼 수 있는 것은 무엇일까?
어쩌면 내 기분에 따라 이루어지는 것은 아닐까?

역경을 극복하라

역경을 잘 이용하면 이는 곧 재산이다.
깊은 통찰력과 생애의 성취를 불러온다.

그리브

March 07

봄꽃이 화창하게 피어나듯이 삶을 꽃피우기 위해 자신의 모든 능력에 집중해 역경을 극복해 나가야 한다.
장사가 잘되는 집은 맛이 좋고, 친절하고 전통이 있다.
그렇게 되기까지 역경을 극복했기 때문이다.
온갖 역경을 극복하고 끝없이 추구하고 끝없이 달성해 나가라. 성공의 꽃이 필 것이다.

바다도 태풍이 불어와야 다시 살아난다고 해. 살면서 눈물도 나고 가슴이 저리도록 아픈 순간도 있는 거야. 잘 될 거야, 아픈 만큼 성숙하다고 하잖아.

성공하는 사람

성공한 사람이란 실패로부터 배워서 새롭게 연구해낸 방법으로
또 다시 문제에 뛰어드는 사람을 말한다.

데일 카네기

/

March 08

/

이런 사람이 성공한다.

가족을 위해 땀 흘릴 줄 알고, 조국을 위해 피 흘려야 한다. 친구를 위해 눈물 흘릴 줄 알고, 하고 싶은 일을 멋지게 한다.

사랑하는 사람을 진실하게 사랑하고 내일을 희망으로 생각하며 언제나 밝은 얼굴로 웃으며 살아간다.

내 나라 내 민족이 있다는 것은 대단한 거야. 외국을 여행하다 보면 내 조국이 얼마나 소중하고 감사한지 알 수 있잖아. 가족과 조국을 위해 멋지게 사는 거야.

단순하게 살아라

그리움을 놓치지 않으면 꿈은 이루어진다.

영화 <철도원>에서

/

March 09

/

삶을 얽히고설키면서 복잡하게 살지 말고 단순하게 살아야 한다. 불륜, 도박, 잘못된 인간관계와 고집불통으로 어지럽게 하는 사람이 있다.
삶을 삶답게 살아가는 사람들은 욕심을 버리고 마음이 이끄는 대로 즐겁고 편안하고 단순하게 산다.
소박한 기쁨을 느끼며 산다.

오늘은 아주 단순하게 살아봐. 돈이든 인간관계든 복잡한 사람들이 항상 문제가 있잖아. 할 일은 제대로 하고 쓸데없는 일에는 관심을 버려야 해.

꼴을 제대로 갖춰라

만나는 모든 사람에게서 무엇인가를
배울 수 있는 사람이 세상에서 가장 현명하다.

탈무드

/

March 10

/

꼴은 그 사람의 삶의 모습이고 생김새나 됨됨이다.
꼴은 나 자신의 인생 표현이고 단순히 사람의 얼굴을 말하는 것이 아니라 외모, 체격, 체구와 마음까지를 말한다.
얼굴값 한다는 것은 생긴 얼굴에 어울리는 태도나 행동을 말하는데, 그 사람의 삶이 얼굴의 모습을 만든다.

"꼴좋다"라는 말이 제일 듣기 안 좋은 말이지. 얼굴을 책임진다는 것은 그만큼 자신의 삶에 충실하게 사는 거야. 할 일 하면서 당당하게 살자구.

첫인상, 첫 말이 중요하다!

남의 의중을 헤아리면서 자기의 의중을
남에게 알리지 않는 것은 지혜가 뛰어나다는 표시다.

사브레 부인

/
March 11
/

첫인상, 첫 말이 중요하다면 어떻게 만들어야 할까?
첫 모습을 순수하게 만들어가며 빈틈없이, 정확하게, 확실하게 만들어야 한다.
음식도 모양이 좋은 음식이 맛있고, 첫인상이 좋은 사람도 느낌이 참 좋다.

첫인상이 좋으려면 인사를 잘해야 해. 그리고 늘 겸손하게 행동하면 싫어할 사람은 없지. 한 세상 살면서 사람들과 잘 지내는 것이 최고야.

게으름에서 벗어나라

앞으로 20년이 지나면 당신은 당신이 한 일보다
하지 않은 일들 때문에 후회할 것이다.

마크 트웨인

/

March 12

/

성공을 늘 방해하는 게으름은 성장을 느리게 하도록 방해를 놓지만, 개미처럼 부지런한 사람은 목적지에 제일 먼저 도착한다.
게으름은 성공을 막는 무서운 적이고, 스스로 잘난 척 하는 자의 욕심은 아무것도 이룰 수 없게 만들고, 도전과 변화를 일으키지 못한다.

일이 없는 사람일수록 잠이 많아진다고 하지. 무슨 일을 하든지 조금만 더 부지런하면 실수도 줄어들고 마음에 여유가 생겨 더 잘되는 거야.

끝을 제대로 끝내라

인생을 성공으로 이끈 사람은 자기 목표를 꾸준히 추구하고
그것이 빛나가지 않게 겨누는 사람이다.

드밀

/

March 13

/

처음과 시작도 중요하지만 끝을 제대로 끝낼 줄 아는 사람이 진정한 성공을 만들어낸다.
태양이 뜰 때도 아름답지만 석양은 정말 탄복할 정도로 아름답다.
뛰어나고 유능한 운동선수들도 날마다 열심히 훈련을 반복하며 마지막 순간까지 포기하지 않는다.

사람들이 제일 미워하고 상대하기 싫어하는 사람이 처음과 끝이 다른 사람이지. 처음에는 간 빼 줄 듯 살살 대다가 쓸모없다고 생각되면 모른 척하는 사람 말이야.

인생을 반전시켜라

성공을 위해 가장 중요한 것은
꼭 성공하고 말겠다는 확고한 결심이다.

에이브러햄 링컨

/

March 14

/

삶이란 초반에 잘못되어서 멀리 뒤처질 수 있지만 인생은 역전과 반전이 있다. 이 세상에 연출되는 인생의 모든 드라마는 반전과 역전의 드라마다.
인생은 초반도 중요하지만 일생을 두고 펼치는 장기전이기에 열심을 다한다면 반전이 가능하다.

인생도 한 편의 연극과 같다고 하지. 어떤 사람은 주인공으로 살아가고, 어떤 사람은 엑스트라로 살아가고. 인생은 역전이 있어. 주인공이 한 번 되어보는 거야.

중간에 포기하지 마라

나는 속지 않으련다. 또 나는 순간의 기쁨을 위해
오랜 세월을 뉘우치며 보내지도 않으련다.

골리어

March 15

어떤 해야 할 일을 할 때 중간에 포기하고 사라지면 누구의 기억에도 남지 않고 원하던 일을 이룰 수가 없다.
등산가도 산에 오르다가 포기하면 산 정상에 오를 수 없고 명예롭게 이름도 알려지지 않는다.
성공하려면 중간에 포기하지 않아야 한다.

만족이 없는 사람은 늘 불평하면서 부족만을 탓하지. 작은 것에도 만족하고 감사하면 뜻밖에 큰 축복이 오는 법이야. 오늘도 만족하며 살아야지.

강변을 드라이브하라

사랑에는 한 가지 방법밖에 없다.
그것은 사랑하는 사람을 행복하게 만드는 것이다.

스탕달

/

March 16

/

이른 아침에 물안개 피어오를 때 강변을 드라이브하라. 아름다운 풍경이 눈앞에 다가와 더 멋지게 살고 싶은 충동이 일어난다.
삶이 지루하고 따분해 싫증이 날 때 아름다운 풍경을 보면 살고 싶어진다. 다시 돌아가 삶을 더 진솔하고 아름답게 만들고 싶어진다.

오늘은 한 번 아름다운 풍경을 찾아 떠나보면 어떨까. 가슴이 트이고 살맛이 날 거야. 늘 바쁘다고 짜증만 내지 말고 시간을 내봐.

비겁하게 살지 말자

비겁한 자는 스스로 조심성이 있다고 생각하고,
구두쇠는 스스로를 절약이라고 생각한다.

헨리 홈

/

March 17

/

비겁하게 일도 하지 않고 결과부터 따지고 언제나 박수갈채부터 원한다면 자신의 두려움을 숨기는 겁쟁이다. 겁쟁이들은 자기보다 강한 사람 앞에서는 비굴해지고 스스로를 낮추는 척한다.
그들이 무서워하는 것은 가면이 벗겨져 그들의 본래 악한 모습이 있는 그대로 드러나는 것이다.

단 한 번 사는 삶인데 비겁하게 비굴하게 살지 말고 가슴을 열고 당당하게 살아야지. 늘 눈치 보며 사는 인생이 얼마나 초라한지 알지.

열정을 다 쏟아라

어떤 일에 열정을 갖기 위해서는 그 일의 가치를 굳게 믿고
자신에게 그것을 성취할 힘이 있다고 믿으며
적극적으로 그것을 이루어보겠다는 마음을 가져야 한다.

데일 카네기

March 18

일에 열정을 다 쏟으며 사는 사람들의 삶이 멋지게 보인다.
시간은 흐르는 강물과 같다.
흘러가면 다시는 되돌아오지 않는 것이 단 하나뿐인 삶이란 시간이다. 일할 때는 열정을 아낌없이 쏟고 자신의 생각과 말을 일치시킬 수 있도록 움직여야 한다.

열정이 가득해 늘 가슴이 뜨거운 사람들은 매사에 적극적이지. 바로 그런 모습으로 사는 거야. 일할 때 땀 흘리는 모습이 얼마나 멋진 줄 알지.

잘못된 마음을 버려라

타인을 자기 자신처럼 존경할 수 있고 자기가 하고자 하는 것을
타인에게 할 수 있다면 그 사람은 참된 사랑을 아는 사람이다.
그리고 세상에 그 이상 가는 사람은 없다.

요한 볼프강 괴테

/

March 19

/

남을 괴롭히는 못된 마음은 버리고 좋은 마음을 가져야 한다.
염려, 걱정, 절망하게 하는 못된 마음과 헛된 생각의 고삐를 바짝 조여야 한다.
욕망에 빠지면 실망 속에 허탈에 빠지지만, 진정한 힘은 참된 마음속에서 나온다. 생활이 나태해지면 엉뚱한 생각으로 마음이 자꾸만 흐트러지게 된다.

잘못된 생각 하나, 잘못된 행동 하나가 삶 전체를 망가트릴 때가 있지. 순간의 선택이 평생을 좌우한다고 하잖아. 못된 마음은 몽땅 버리고 좋은 마음으로 살자.

성공이란 그물을 던져라

나는 절실한 한 가지 소원이 있다.
그것은 내가 이 세상에 살았기 때문에 세상이
조금 더 나아졌다는 것이 확인될 때까지 살고 싶다는 것이다.

에이브러햄 링컨

/

March 20

/

세상이란 열정의 바다에 마음의 장작을 던져 불태워라.
계란도 남이 깨면 프라이나 계란찜밖에 되지 않는다.
스스로 깨고 나와야 병아리가 되고 장닭이 되어서 새벽을 우렁차게 깨운다.
마지막 종이 울릴 때까지 멋지게 살자.

오늘은 우리가 가야 할 곳을 가고 우리가 해야 할 일을 하자. 우리가 만나야 할 사람을 만나고 우리가 가야 할 곳으로 가자.

시간 관리를 잘하라

시간을 낭비하지 마라. 항상 무엇인가 유익한 일에 종사하라.
쓸데없는 행동은 항상 삼가 하라.

벤저민 프랭클린

March 21

시간을 쓸데없는 일에 낭비하지 말아야 한다.
시간은 언제나 결과를 만드는데, 잘못 사용하는 사람들 중에는 시간이 없다고 불평하는 사람이 많다.
똑같은 시간을 사용하면서도 여유가 있는 사람이 있고 짜증과 불평을 일삼는 사람이 있다.

시간을 잘 활용하면 늘 여유를 갖고 살 수 있지. 그렇지만 늘 조금씩 게을러지면 지각하고 실수하고 변명하게 되지. 오늘부터 시간 관리를 잘 해야지.

자신에 대한 신뢰감을 가져라

인생의 목적은 고뇌도 아니고 향락도 아니다.
우리에겐 각자 해야 할 의무가 주어져 있다.
정직하게 끝까지 할 수 있는 한 그 의무를 다해야 할 것이다.

알렉시 토크빌

/

March 22

/

성공의 열쇠는 사람의 인격과 기량, 그리고 자신감에서 나온다. 사람은 자신의 그릇 이상 크지 못한다는 말이 있다. 그 사람의 그릇 크기는 자신감이다.
어설프고 나약하면 플러그가 빠져 있는 컴퓨터나 전자 제품과 같아서 엉터리 전시품일 뿐이다.

자기 자신을 신뢰할 줄 알아야 남도 신뢰하게 되지. 자신감은 자신의 능력이 만들어 주는 거야. 자신감이 있어야 큰 그릇 같은 삶을 살 수 있어.

고독을 즐겨라

행복한 생활은 대체적으로 조용한 생활이어야 한다.
왜냐하면 조용한 분위기 속에서만이
참다운 환희가 살아 있을 수 있기 때문이다.

조지 윌리엄 러셀

March 23

인간은 누구나 고독하다. 절망하게 하는 독이 되는 고독이 있고 창작을 새롭게 하는 고독이 있다.
고독의 시간을 잘 사용하면 삶에도 큰 변화를 가져올 수 있다. 고독할 때 제대로 표현하지 못하고 변명의 말만 늘어놓아서는 안 된다. 창조적인 고독이 되어야 한다.

고독한 시간이 있어야 예술 작품도 탄생하고 인생을 알게 해주는 시간이 되는 거야. 때때로 고독도 즐길 줄 아는 것이 인생의 멋이지.

인생을 망치는 변명

한 번 성실하지 못하다는 평가를 받으면 다시 헤어나기가 어렵다.
진실이든 거짓이든 변명할 기회가 돌아오지 않기 때문이다.

존 틸롯슨

/

March 24

/

일도 잘 못하고 변명이 많은 사람은 늘 먼저 이유를 대고 불평을 한다. 자기가 부족하다는 것을 알고 있기에 가리려고 열을 내고 흥분을 잘한다.
변명을 늘 일삼으며 살아가면 인생을 망쳐놓게 만든다.
변명으로 위기를 벗어나면 평생 버릇이 되고 습관이 된다.

변명하는 사람은 어디서나 환영을 받을 수 없지. 솔직하게 있는 그대로 보여 주면 되는 데. 속이고 변명하는 것은 어리석지. 솔직하게 살아야 해.

속임수를 쓰지 마라

용서 받을 수 없는 유일한 악은 위선이다.
위선자의 후회는 그 자체가 위선이다.

윌리엄 해즐릿

속임수는 삶을 파멸로 이끌며 행복조차 파괴시켜 놓는다. 자신에게나 타인에게나 가족들에게 절대로 속임수를 써서는 안 된다.
속인다는 것은 양심을 마비시키고, 진실을 외면하는 것이고, 행복을 고사시키는 불행을 마음속에 낙인찍는 것이다.
반대로 정직하게 행동할 때마다 보이지 않는 손이 우리를 커다란 성공으로 이끈다.

사람을 속인다는 것은 양심을 파는 거야. 양심을 팔아서 사는 것은 행복할 수 없어. 오늘도 선한 마음으로 진실하게 사는 거야.

다음 세대를 위해서 살자

인간이여! 사랑하고, 믿고, 일하고, 싸우고, 희망을 가져라.
자신은 물론 타인에 대해서도 절망하지 마라.

헨리 프레데리크 아미엘

/

March 26

/

역사는 세대에서 세대로 이어가며 살고 있는 것이다.
먼저 사는 세대가 바로 살아야 다음 세대가 행복과 평화를 누리며 산다. 오늘 우리가 누리는 모든 것도 먼저 세대가 열심히 살았기 때문이다.
우리는 다음 세대를 위해 보다 성실하고 진실한 삶을 살아야 한다.

미련한 곰처럼 살면서 요행을 바란다면 세상에서 제일 어리석은 사람이지. 누구는 편히 쉬고 쉽지 않아서 일하나. 일한 뒤의 휴식이 정말 좋아서 열심히 사는 거야.

리더의 자질을 갖추라

우리는 이 세상에 사는 짧은 세월 사이에 삶의 열매를 따려고 하지만
그 열매가 익는 데는 수천 년이 필요하다.

한스 카로사

March 27

남을 이끌 힘도 능력도 없고 자신감도 없는 사람은 조바심 속에 안달복달을 하고, 의욕은 사라지고, 성급해지고, 나약해진다.
중요한 것은 인내하며 섬길 줄 알고 부족한 것을 인정할 줄 알아야 한다. 이때부터 리더의 자질을 갖게 된다.
그러나 부족하면서 오만하게 이끌 수 있다고 허풍을 떨면 실패하고 만다.

리더십은 하루아침에 생기는 것이 아니야. 리더자는 리더십이 필요한 거야. 다른 사람들의 마음을 사로잡고 목표한 곳으로 이끄는 힘이 필요한 거야.

자연과 사귐의 시간을 가져라

실패란 성공의 여명이 트기 전
그 어둡고 침침한 이른 새벽일 경우가 많다.

레이 비첼

/

March 28

/

자연을 만나는 시간을 갖고 작은 벌레 소리로부터 강이 흐르고 파도치는 소리를 들어야 한다.
온 세상이 정지된 듯한 고요함 속에서 자연과 사귐을 갖고 초록의 싱그러움에 빠져들어 자연과 함께 친숙한 시간을 가져야 한다.
자연의 수수함이 주는 지혜를 취해야 한다.

오늘도 세계 곳곳에서는 실패의 쓰라린 눈물을 흘리는 사람이 많을 거야. 그렇지만 그들이 훗날 성공의 웃음을 웃을 수 있는 사람들이지. 나도 그중 하나가 돼야지.

잠재력을 발휘하라

잠재력을 실현하고 특별한 삶을 만들고자 노력할 때
당신의 사소한 승리들이 모여 당신을 지탱해 줄 것이다.
그리고 당신의 꿈까지 다리를 놓아줄 것이다.

마이클 린버그

March 29

어떤 일도 쉽게 시작할 수가 없고 노력에 만족감이 없으면 삶 자체가 무의미해진다.
보다 나은 삶을 살고 싶은 것은 당연한 요구이기에 시작부터 초라하게 되어 언제나 질질 끌려가지 말고 자신 안에 있는 잠재력에 힘을 불어넣어 자신만의 특별한 삶을 살아가라.

잠재력은 누구나 있지. 숨은 실력을 한 번 발휘해봐. 용기가 생겨날 테니까. 마음만 한 번 굳게 먹으면 세상은 때로는 확 달리지는 거야.

작은 염려들을 버려라

염려는 추락을 자처하게 한다.
염려의 노예가 된 사람은 모든 삶을 통해
자신의 희망과 행복과 꿈들을 모두 산산조각 내버린다.

존 C. 맥스웰

March 30

염려는 두려움의 가느다란 물줄기로써 마음속으로 졸졸 흘러들어온다. 하지만 조금만 용기를 북돋아 주면 생각 속에서 감쪽같이 사라져버린다.
삶을 안정에서 멀리 떠나 불안하게 만들고, 좋지 않은 변화가 일어나면 염려는 다시 나타난다. 어려운 일이 있어도 서두르거나 염려만 하지 말고 잘 대처해 나가야 한다. 이것이 삶의 지혜다.

염려만 하면 아무 일도 할 수 없지. 염려한다고 해서 할 일을 안 해도 되는 것도 아니다. 염려하지 말고 지혜롭게 해결해 나아가자.

긍정적인 사고방식을 가져라

자기 자신에 대해서 다른 사람이 기대하는 것보다
더 높은 기준을 적용하라.

헨리 워드 비처

March 31

꿈을 이루려면 긍정적인 사고방식 속에서 매일매일 노력해야 하고 억지로 해서는 안 된다.
긍정적인 사고방식 속에 꿈이 있어야 이루어갈 수 있다.
꿈을 잃으면 모든 것을 잃고 남을 무자비하게 쓰러뜨려서 승리하지 못한다.
성공은 모두가 기뻐할 수 있어야 한다.

긍정인 사고를 가지면 삶이 즐거워지고, 웃음도 잦아지고, 사람들도 따르고 행운도 따르는 거야. 인상 쓰지 말고, 성질 내지 말고, 마음을 긍정적으로 바꿔봐.

FLOWER

April

꽃피는
봄이 오면

……

가고 싶은 곳도
하고 싶은 일도
보고 싶은 사람도
왜이리 많은지

……

4월

……

민들레 홀씨
흩날리며

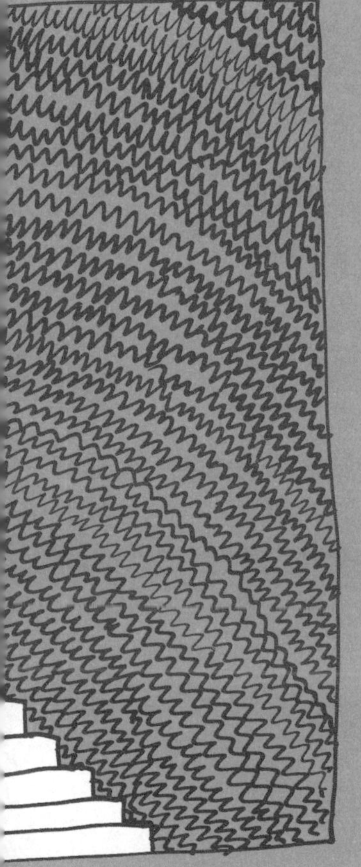

항상 긍정적이고 행복하고 기쁜 생각을 하면
주위에 행복하고 기쁘고 긍정적인 사람이 모여든다.

조엘 오스틴

고정관념의 틀을 깨라

고정관념이 당신에게 영향을 미치고 있기 때문에
목표를 이루고 성공하는데 그것들이 장애물이 된다는 것을 인정해야 한다.

콜린 터너

April 01

틀에 갇힌 고정관념을 버리고, 늘 변하지 않던 것을 깨버리고, 새로운 변화를 시도해야 한다.
시작도 하지 않고 남을 탓하고 시도해 보아도 아무 소용이 없다고 생각하면 아무것도 할 수 없다.
할 수 없다는 고정관념의 틀을 깨고 하지 못했던 것들을 도전해 가야 한다.

고집, 아집, 고정관념은 깨뜨려 버려야 해. 아무 쓸데 없는 고정관념이 사람을 무능하게 만드는 거야. '할 수 있다'는 마음으로 오늘을 살면 내일은 좋은 날이 될 거야.

부족과 넘치는 삶

변화란 단순히 과거의 습관을 버리는 것에 그치는 것이 아니다.
과거의 습관 대신에 새로운 습관을 익히는 것이다.

켄 블랜차드

/

April 02

/

성취감을 갖기 위해서는 부족함 속에서 배워나가는 겸손과 겸양의 미덕을 날마다 배워나가야 한다.
다른 사람에게 나눔과 사랑을 늘 넘치도록 베풀어 나가면 행복한 미소가 날마다 꽃피고 삶에 힘이 샘솟는다.

"변해야 살지." 매일 그 타령이면 좋을 것이 없잖아. 쌀도 변해야 밥이 되고, 커피에도 물을 부어야 되듯이 사람도 새롭게 변해야 인생도 변하지.

고민을 해결하라

일이 아니라 바로 고민이 인간을 죽이는 것이다.
일은 건강에 좋다. 하지만 자기 힘의 한계 이상으로 일할 수는 없다.

헨리 워드 비처

April 03

고민이란 바라는 것을 갖는 대신 바라지 않는 것을 잘못 갖게 될 때 일어난다.
쓸데없는 고정관념에 사로잡혀 있으면 고통받고 괴로워하게 된다.
쓸데없는 고민을 하면서 후회하거나 헛된 상상에 빠지지 말고 훌훌 다 털어버리고 갈 길을 가야 한다.

늘 끙끙대고 고민해 봐야, 더 되는 일이 없지. 오늘은 고민하지 말고 고민을 떨쳐 버리고 시작하는 거야. 곧 잘 풀리겠지. 세상에 쉽게 잘 풀리는 일이 있겠어!

나약함을 몰아내라

개조해야 할 것은 오직 세계뿐만 아니라 바로 인간이다.
그 새로운 인간은 결코 외부에 있지 않다.
그것을 그대 자신 속에서 발견하라.

앙드레 폴 기욤 지드

/

April 04

/

남의 뜻에 따라 좌우되지 말고 자유롭고 책임 있게 살아야 한다. 어떤 경우에도 자신의 가치를 떨어뜨리는 나약함에서 벗어나야 한다.
쓸데없는 습관에 노예가 되지 말고, 잘못된 습관을 벗어 던지고, 잘 될 것을 바라는 마음의 결단 속에 앞으로 당당하게 나가야 한다.

나약한 모습을 보이면 남들이 더 약하게 보고 업신여기게 되는 거야. 강해져야 해. 이 세상은 강하고 확신 있어야 살아갈 수 있어.

매력 있게 살아라

인간을 좋은 사람과 나쁜 사람으로 나누는 것은 무의미하다.
인간은 매력이 있는가, 없는가 둘로 나누어질 뿐이다.

오스카 와일드

April 05

매력이 있는 사람은 몸과 마음이 건강하고 삶이 정직하고 진솔한 사람이다.
매력 있는 삶을 산다는 것은 사람을 끌어당기고 함께 일하고 주변 사람들을 행복하게 만들어 준다.
매력 있게 살아가려면 겁쟁이가 되어서는 안 된다. 적극적인 생각을 심고 용기가 넘쳐야 한다.

매력은 남이 만들어 주는 것이 아니야. 스스로 가꾸고 약속을 잘 지키고 신뢰를 쌓아 가면 하나씩 만들어지는 거지. 순수하고 정직해야 해.

강과 바다의 시작

화살이 과녁을 찾아가는 것이 아니라
활 쏘는 이가 과녁으로 화살을 보내는 것이다.

이성계

/

April 06

/

강과 바다의 시작이 저 높은 산골짜기 작은 샘이라는 것을 알았을 때 참 신기하고 묘한 기분이 들었다.
인생도 마찬가지다.
작은 일터에서 큰 사업으로 이어가며 성공한 사람들이 책 속에서 읽어주라고 줄을 서서 기다리고 있다.
작은 것에서 바다를 만들어야 한다.

강물은 보면 온 힘과 열정을 쏟아서 바다로 흘러가잖아. 나도 온 힘과 열정을 쏟아서 정말 멋진 삶을 살아가자.

문제를 해결하라

문제 그 자체는 문제가 아니다.
다른 것을 기대하는 심리와 문제를 갖고 있는 것이 문제라는 생각이 문제다.

시어도어 루빈

April 07

삶은 곧 문제이며 해답이기에 갖가지 문제로 얽혀져 있지만, 살아 있기에 문제가 일어나는 것이다.
문제가 생기면 껴안고 걱정만 하지 말고 해답을 찾고 만들어 해결해야 한다.
작은 문제들을 하나하나 손꼽아 가면서 어리석게 쓰러지는 비굴한 모습을 보여 주지 말아야 한다.

문제가 있으면 해답이 있다. 지극히 당연한 말이지. 궁색하게 삶을 살지 말고 문제를 해결해 나가면 눈 녹듯이 다 사라지고 말 거야.

칭찬하라

남을 칭찬하면 자신에게로 돌아온다.
사람은 칭찬해주는 사람을 칭찬하고 싶어 한다.

버나드 M. 바루크

/

April 08

/

칭찬을 받으면 얼굴이 금방 밝아지고 환해진다.
어떤 화장품으로도 만들 수 없는 행복한 모습을 만들어 준다.
누구나 칭찬받고 싶어 하고 이해를 받고 싶어 한다.
남을 마음껏 칭찬해 줄 수 있다면 마음은 넓어지고 여유가 생겨난다.

지금 옆에 있는 사람의 장점을 찾아서 칭찬해봐. 금방 웃고 좋아할 거야. 세상에 칭찬을 싫어하는 사람은 한 사람도 없을 거야. 칭찬은 주고받으면 더 행복해지지.

큰 그릇이 되는 방법

지금은 새로운 문제를 해결하고 새로운 기회에 대처하기 위해
지도력이 있는 새 세대를 필요로 하는 때이다.
이룩해야 할 새 세대가 있기 때문이다.

존 에프 케네디

/

April 09

/

큰 그릇이 되려면 작은 일에도 소홀하지 않고 늘 넉넉한 마음을 가져야 한다.
흘러가는 세월 속에 잘 견디지 않고는 거대한 거목이 될 수가 없다.
그릇이 큰 사람은 언제나 당당하게 미래를 바라보면서 커다란 출입구를 향해 나아간다.

어렸을 때 어머니가 뻥튀기를 튀겨 오셨지. "애들아! 뻥튀기 받아라." 세 형제는 뛰어가 손을 폈지. 누나와 동생은 치마를 폈어! 누가 더 많이 받았을까?

하루를 정리하는 시간

실패는 일종의 교육이다.
사고할 줄 아는 사람은 성공에서나 실패에서나
매우 많은 것을 배운다.

존 듀이

/

April 10

/

하루 일을 끝내고 잠들기 전에 하루를 정리하는 시간을 가져야 한다.
해야 할 일을 잘 마무리 했고 즐거웠던 일은 무엇인가?
혹시 실수한 것이나 남에게 상처를 주는 일은 없는가?
내일 일은 어떻게 할 것인가를 생각하며 자기 성찰을 하는 시간을 가져야 한다.

늘 배우는 마음을 가져야 해. 두 사람이 있으면 한 사람은 스승이라고 하잖아. 배우면 그 만큼 자신이 성장하는 거야.

가치 있는 삶

만나는 사람의 가슴에 친절, 사랑, 자비로 당신의 이름을 써라.
그러면 절대 잊혀 지지 않을 것이다.
선행은 하늘의 별처럼 지구 위에서 밝게 비출 것이다.

토마스 찰머스

April 11

타인의 행복을 먼저 생각하고 존중하며 행복하게 살아가야 한다.
자신의 인격을 향상시키고 무엇이 먼저인지를 생각하라.
소중한 삶을 방치하지 말고 가치는 있는 삶을 만들어 놓자.
영혼이 밝게 호흡하며 살아가면 삶이란 얼마나 아름답고 소중한가.

얼마나 소중한 삶인데 삶을 무가치하게 내던지듯이 살 수 있겠어. 내가 소중하게 여기지 않으면 다른 사람도 그렇게 대할 거야. 삶은 소중하게 살아야 해.

세 종류의 사람

성공과 실패는 궁극적으로 다를 바가 없다.
단지 차이점이 있다면 실패한 후에는 용기를 잃지 않고
다시 노력해야 한다는 점밖에는 없다.

케이 베일리 허치슨

/

April 12

/

사람은 세 종류로 구분할 수 있는데, 남을 위해 봉사하는 사람은 늘 명랑하고 행복한 삶을 산다.
남을 위해 희생하지 않는 사람은 지혜가 없고 행복한 삶을 살지 못한다.
자기만의 행복을 헛된 곳에서 찾으려고 애쓰는 사람들은 아직도 행복 속에 살고 있지 않다.

창조주 하나님을 온전히 경외하고 예배하고 찬양하는 삶은 행복한 삶이지. 길이요 진리요 생명이신 주님께서 날마다 인도해 주시기 때문이야.

참된 풍요로움이란

풍요로운 마음가짐은 빈부귀천이나 생활조건 따위와는 전혀 상관이 없다.
어느 시대건 진정한 인격자는 풍요로운 심성을 소유한 사람이다.

새뮤얼 스마일스

April 13

참된 풍요로움이란 마음을 열고 보면 많다.
가족, 부부, 직장, 모든 것 하나하나가 삶을 충성하게 만들어준다.
풍요로움은 사랑, 평화, 눈부신 건강, 물질적 풍요, 시간, 아름다움, 음악과 미술, 조각과 자연, 강과 바다와 하늘 정말 많고 많다.
하지만 작은 배려와 베풀어야 하는 사랑의 소중함을 잊어버리거나 외면한다면 풍요로움은 사라지고 만다.

우리가 살고 있는 지구상에서는 온갖 것들이 조화되어서 살고 있어. 그만큼 풍요롭다는 것이지. 풍요로워도 늘 부족하다고 느끼는 사람은 늘 부족하지.

신발을 벗어 놓으면

항상 긍정적이고 행복하고 기쁜 생각을 하면
주위에 행복하고 기쁘고 긍정적인 사람이 모여든다.

조엘 오스틴

/

April 14

/

저녁에 집으로 돌아와 신발을 가지런히 벗어 놓으면 비로소 편안하게 쉼표를 찍을 시간이 찾아오기 시작한다.
사랑하는 사람과 음식을 먹고 이야기를 나누는 동안 하루의 피로가 사라지고 삶의 보람과 즐거움이 가득해진다.

삶은 부정적이냐 긍정적이냐에 따라 달라 지지. 부정적인 사람들은 사건을 일으키고 남을 못살게 굴지만, 긍정적인 사람은 사랑을 만들고 행복을 만들며 살지.

행복한 얼굴 만들기

괴로워하거나 불평하지 마라. 사소한 불평은 눈감아 버려라.
인생의 큰 불행까지도 감수하고 목적만을 향해 똑바로 전진하라.

빈센트 반 고흐

April 15

어떤 사람인지 알려면 얼굴에 나타나는 빛깔과 느낌을 보면 된다. 얼굴 표정이 밝고 빛이 나고 웃음이 가득한 사람은 희망이 있다.
어둡고 늘 찡그리는 사람은 쉽게 좌절하고 실망한다.
마음이 어두우면 표정도 어둡고, 마음이 밝으면 표정도 밝아 행복하다.

아침에 일어나서 거울을 보며 싱긋 웃어봐. 기분이 좋아질 거야. 거울을 보면서 한 번 외쳐봐! "참 잘 생겼네." 기분 좋게 시작하는 거야.

상상력

당신은 상상력을 소유하고 있으므로 마음만 먹으면
그 상상력을 긍정적이고 올바르게 단련시킬 수 있다.

잭 캔필드

/

April 16

/

즐거운 상상에 빠지는 것은 행복한 일이다. 상상력이란 마음속에 아이디어나 화상을 만들어내는 능력을 말한다.

'내일은 어떤 일이 일어날까?'

'나의 꿈이 이루어질까?'

꿈을 실현시키고 비전이 현실이 될 때까지 실현되기까지 긍정적인 마음을 갖고 전력투구하면 이루어진다.

성공한 사람들은 말하지. 상상하던 것들이 현실이 된다고. 요즘 과학의 발달로 사람들이 상상하고 꿈꾸던 일들이 현실이 되잖아. 상상을 해봐. 내일을.

밥을 먹는 즐거움

용기는 두려움에 대한 저항이다.
이는 두려움이 없다는 것이 아니라, 두려움을 정복하는 것이다.

마크 트웨인

April 17

매일매일 먹는 밥에 고마움과 감사와 즐거움을 가져야 한다.
밥을 먹지 못하면 아무것도 할 수 없고 건강도 잃고, 생각도 못하고, 활동할 수 없어 아무것도 할 수 없다.
밥을 먹는 식사 때마다 준비해준 사람에게 감사를 느끼며 맛있게 먹어야 한다.

가락국수도 후루룩 소리를 내며 맛있게 먹는 사람을 보면 기분이 좋아지지. 밥을 맛있게 먹어야 건강해. 밥이 보약이라는 말을 잊지 말자.

사랑으로 일한다는 것은

누군가를 사랑한다는 것은
우리들의 인생 과업 중에 가장 어려운 마지막 실험이다.
다른 모든 것은 그 준비 작업에 불과하다.

라이너 마리아 릴케

/

April 18

/

사랑으로 일한다는 것은 사랑하는 이가 입기라도 할 것처럼, 심장에서 뽑아낸 실로 옷을 짜는 애정으로 집을 짓는 것이다.
일하는 것이 사랑을 보여 주는 것이고, 영혼의 숨결을 불어 넣는 것이다. 일하기가 싫어서 억지로 하는 것이라면 차라리 구걸이나 하는 것이 낫다.

세상의 모든 것이 사랑을 말하고 사랑을 원하고 있어. 사랑을 주고받는 삶이 아름다운 삶이야. 나는 사랑하며 살아갈 거야.

가장 두려운 공포심

배짱을 갖고 싶다면 손대기가 두려운 일을 해보라.
그리고 그런 일이 생길 때마다 빠뜨리지 말고 계속 손을 대서 성공 실적을 쌓아라.
이것이 공포심을 극복하기 위한 가장 신속하고도 확실한 방법이다.

데일 카네기

/

April 19

/

공포심으로 허약하게 만들지 말고 무서움에 사로잡혀 나약해지지 않아야 한다.
감추고 싶은 것이 있을 때 숨기고, 가리고 싶은 것이 드러날까 걱정 근심하면 공포심이 생긴다.
빛을 밝힐 수 있는 밝은 마음을 가질 때 스스로 만든 공포에서 벗어날 수 있다.

일어나지도 않은 것을 스스로 만들어 놓고 공포심을 유발할 필요는 없어. 그러나 실수한 것이나, 잘못한 것을 감추면 공포심이 생기게 되지.

행복한 집을 만들자

행복의 추구가 나의 유일한 목표다.
행복해질 수 있는 장소는 바로 여기다.
행복해지는 방법은 남을 행복하게 하는 것이다.

로버트 G. 잉거솔

/

April 20

/

행복한 가정은 늘 돌아가고 싶고, 가족들이 화목하고, 사랑이 넘치고, 행복이 충만하고, 대화가 살아 있는 집이다. 먹을 것이 준비되어 있고, 늘 칭찬과 배려가 충만한 집이다. 서로 도와주고 서로 기대하고 사는 행복한 집은 누구나 바라는 집이다. 그런 사랑은 가족들이 만든다.

가족이 있다는 것은 행복의 울타리가 있다는 것이지. 오늘부터 가족들에게 더 따뜻하게 대하고, 더 정겹게 대해야지. 가족이 행복해야 일도 잘되고 더 행복해지지.

잡초의 아름다움

잡초가 자라지 않는다면
많은 땅이 얼마나 삭막하고 초라해 보일 것인가.

빌헬름 라베

April 21

아름다운 꽃만 사랑하고 바라보지 말고 잡초를 초라하게 보더라도 우습게 여기지 말라. 이 세상에 잡초가 없다면 정말 보잘것없어질 것이다.
이 세상을 덮고 있는 것은 아름다운 꽃이 아니고 잡초가 있기에 아름답게 돋보인다.

사람이 고독할 때 잡초와 이름 모를 꽃이 눈에 보인다고 해. 고독은 모든 것을 더 깊게 바라보게 하는 것이지. 나도 가족과 주변 사람들에게 진실하게 대하며 살아야지.

놓아주기

담쟁이는 푸르게 자라고 생명의 신은 결코 죽지 않는다.

영국 가요

/

April 22

/

늘 갖고 있는 것을 꼭 쥐고 독차지하려고만 하지 말고 모른 척 슬쩍 놓아주자.
늘 분주하게 정신없이 살아가며 힘들고 지친다고 투정만 하지 말고 삶에 쉼표를 찍으며 바쁜 일상에서 자신을 슬쩍 놓아주자.
혼자만 가지려 말고 슬쩍 놓아주자.

사람이 태어날 때 울고 쥐고 발버둥치는 거야. 그게 평생 사는 모습이지. 쥐려고만 하면 더 불행해지는 거야. 행복하게 나누며 사는 거야.

청개구리 마음을 닮지 마라

사랑이란 상실이며 단념이다.
자기의 모든 것을 남에게 주어버렸을 때 사랑은 더욱 풍부해진다.

빅트르 마리 위고

April 23

청개구리는 의심을 잘하고, 마음을 안 열고, 참지 못해 화를 잘 낸다. 한가로울수록 바쁜 척하고, 평안을 갖지 못하고, 불안하다.
청개구리는 낭비를 잘하고, 감사하지 않고, 불평만 늘 가득하다. 또한 사랑하지 못하고, 미워하고, 다른 사람의 성공을 질투만 한다.

늘 삐딱하게 사는 것이 좋지는 않지. 늘 남의 흉보고 뒤통수치고 모함하는 삶은 어리석은 거야. 남이 잘돼야 나도 잘 된다는 마음으로 살아야 해.

침묵의 시간

침묵이야말로 속임 없는 기쁨의 천사이다.
나는 이만큼이나 행복하다고 말할 수 있다면
그것은 전혀 행복하지 않다는 말과 같다.

윌리엄 셰익스피어

/

April 24

/

항상 떠들썩하게 정신없이 살다 보면 실수투성이로 너덜거릴 수밖에 없다. 고요하게 침묵할 시간이 절실하게 필요하다.
바다도 거칠게 파도칠 때보다 잔잔할 때가 더 평화롭고 아름답다.
침묵의 시간을 가지면 겸손해지고 마음에 고요가 밀려와 잔잔해진다.

고요한 시간이 오면 글도 쓰고 마음도 되새기는 거야. 늘 분주하지만 틈을 내어 한 잔의 커피를 마시며 고요한 시간을 갖는 것도 좋아. 창밖도 바라보고.

마술을 부릴 수 있다면

모든 발자국에는 인생의 신비로운 여정이 담긴
이야기와 추억들이 서려 있다.

작자 미상

/

April 25

/

마술을 부릴 수 있다면, 지금 막 자살하려는 사람의 마음에 사랑을 부어주어 살게 만들고 싶다.
사업이 파산을 한 사람에게 희망을 쏟아 부어주어 다시 시작하게 하고 싶다.
이혼을 하려고 하는 사람과 도적질하려는 사람의 마음을 돌려놓고 싶다.

어려울 때 누군가가 관심을 가져주면 희망의 빛이 가슴에 가득해 오지. 오늘도 어려움을 당하는 사람들에게 빛이 되어 주자.

성공한 사람들의 모습

많은 성공한 사람들이 성공해도 허탈해하는 것을 볼 수 있다.
그것은 잘못된 목표를 설정했기 때문이다.

노먼 빈센트 필

April 26

성공한 사람들은 모습에서 몇 가지 두드러진 특징을 발견할 수 있다.
자신이 일을 스스로 발견해 내고 단련하여 최고도로 발전시킨다. 늘 앞서서 행동하고 불평하지 않고 능력을 끊임없이 발휘하고 어떠한 경우에도 열정을 잃지 않는다.

잘되는 사람은 뭐가 달라도 다르다고 하잖아. 생각이 다르고, 목표가 다르고, 행동이 다른 거야. 늘 확신 속에 내일을 위해 살아가는 거야.

마음의 보물 캐내라

목적 없이 행동하지 마라.
치세를 위한 바르고 훌륭한 원칙에 따라
행동하는 이외의 어떤 행위도 하지 마라.

마르쿠스 아우렐리우스

April 27

마음속에는 온갖 보물이 가득해 마음을 요리하는 방법에 따라 기쁨과 감동과 환희가 쏟아져 나와 행복하게 살 수 있다.
마음을 불 꺼진 창고처럼 방치하면 절망과 고통 속에 탄식하게 된다. 마음속의 보물을 캐내어 힘 있고 능력이 넘치게 살아야 한다.

우리의 마음은 보물창고야. 우리가 알지 못하는 가능성과 사랑이 가득하지. 열심히 캐내는 광부가 되어서 인생 한 번 지금보다 더 신나게 멋지게 살자구.

나이가 들수록 멋지게 살자

친구란 '자유'라는 의미를 가진 말에서 유래되었다.
친구란 우리에게 쉴만한 공간과 자유로움을 허락하는 사람이다.

데비 엘리슨

April 28

젊은 날도 아름답지만 나이가 들어서 경험이 풍부한 노년의 모습도 멋지다.
삶도 나이가 들어가면 갈수록 나이만큼 추하게 늙지 않고 나이가 들수록 멋지게 살고 싶다.
늘 건강하고 할 일을 꾸준히 해가며 가족들과 주변 사람들에게 짐이 되지 않고 만나는 즐거움 속에 살아가고 싶다.

사람은 누구를 만나느냐가 가장 중요하지. 만나고 동행하는 사람이 누구냐에 따라 삶이 달라지지. 동행자가 주님이라면 최고의 선택을 한 거야.

쓸쓸함이 가득할 때

사랑은 가장 달콤한 기쁨이면서 가장 처절한 슬픔이기도 하다.

필립 제임스 베일리

April 29

밤늦게 걷는 길은 쓸쓸하다. 기쁨도 없던 날은 내 신발마저 쓸쓸해 보인다.

사랑하는 사람을 만나고 싶어진다. 사랑하는 사람과 함께 있을 때 행복을 느낄 수 있다.

힘들고 어려울 때 사랑하는 사람을 의지할 수 있다는 것은 참 행복한 일이다.

외로울 때면 밤하늘을 봐. 어둠 속에서 모든 것이 쓸쓸하고 외로울까 봐, 달과 별들이 빛을 발하고 있지. 쓸쓸할 때 혼자가 되지 말고 가까운 이들을 만나면 좋을 거야.

열등감을 버려라

성공은 능력보다 열정에 의해서 좌우된다.
승리자는 자신의 일에 몸과 영혼을 다 바친 사람이다.

찰스 북스톤

/

April 30

/

열등감이란 병의 포로가 되어 날마다 고통스럽게 살아가는 사람이 있다. 누구나 부족하고 연약하기에 열등감은 극복할 수 있다.
열등감을 갖게 되는 원인 중의 하나는 남과 비교하는 습관이 지나칠 때 생겨난다. 열등감과 무력감을 과감하게 버려야 희망을 확신하며 살아갈 수 있다.

훈련장에서 벌칙으로 달리기하다가 교관을 뒤돌아서 뛰어와 서면 갑자기 꼴찌가 첫 번째가 되는 거야. 이런 극적인 반전이 어디 있어. 지쳤던 마음도 사라지지.

BEGIN
AGAIN

GRATITUDE

May

신이 내게
어버이를
선물함은

……

나로하여
사랑과 감사를
알게하기 위함이다

……

5월

……

고이접은
카네이션
달아드리며

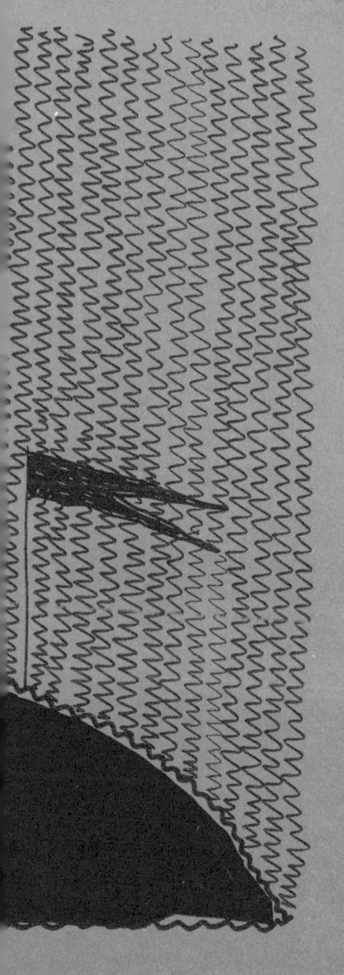

모든 사람에게 예절 바르고, 많은 사람에게 붙임성 있고,
몇 사람에게 친밀하고, 한 사람에게 벗이 되고,
아무에게도 적이 되지 마라.

벤저민 프랭클린

내면적인 성공

불운 속에서도 용감해지는 것은 성인으로서의 가치가 있는 것이며,
불운 속에서 현명해지는 것은 운명을 정복하는 것이다.

레플러

May 01

갑자기 돈을 많이 벌면 과시하고 싶어 호화스러운 모습을 보여 주려고 허세를 부리기를 좋아한다.
돈을 지나치게 낭비하면 내면적인 성공을 얻기가 어렵다.
외면적인 성공만이 아니라, 내면적인 성공을 이루어야 다른 사람도 행복하게 만든다.

삶의 질은 겉보기에 좋은 것이 아니야. 얼굴도 아름다워야 하지만 마음에 진심이 있어야 사람들이 좋아하지. 오늘부터 내면의 질을 높여야지!

진실하게 사는 길

진실은 언제나 우리의 가장 가까운 곳에 있다.
진실은 우리를 늘 기다리고 있다.

블레즈 파스칼

/

May 02

/

천 명 중에 한 사람은 진실하게 사는 길을 안다.
대부분의 사람은 과거사 때문에 시간을 낭비하고 잃어버리고 기쁨들에 대한 후회나 잘못에 대한 창피함, 공포로 시간을 흘려보낸다.
과거는 소용없이 이미 가버리지만 진실한 삶은 기적을 만들어 놓는다.

진실은 통한다는 말이 있어. 늘 진실하게 사는 거야. 사람들이 기억할 때 그 사람 참 진국이야 하도록 말이야. 진실은 언제나 마음을 밝게 만들어 주지.

하루하루 자족하는 삶

당신은 자신이 한 말에 모두 책임을 져야만 한다.
확고한 정신으로 자제력을 발휘할 때 지혜가 안전하게 보존된다.

벨타사르 그라시안이모랄레스

May 03

다른 사람의 가슴에 사랑이란 이름의 무지개 하나 뜨게 해 줄 수 있다면 얼마나 좋은 일인가.
삶을 통해서도 감격할 수 있고 탄식할 수 있는 마음이 필요하다. 자신의 삶에 무감각해지면 공허와 허무가 밀려오기 때문이다.
하루하루 자족하며 살아가자.

항구를 떠나는 배가 도착지가 없다면 유령선이 되고 말 거야. 하루하루 살면서 무의미하게 살지 말고 원하던 목적지에 도착하도록 살아야지.

끈기를 가져라

어떤 것도 끈기를 대신할 수 없다. 재능도 끈기를 대신할 수는 없다.
재능을 가지고 실패한 사람은 부지기수다. 교육도 끈기를 대신할 수 없다.

존 캘빈 쿨리지

/

May 04

/

끈기를 갖고 발전시켜 나가야 자신의 목적을 확실하게 이룰 수 있다.
강한 열망으로 온전히 믿고 내일의 계획을 분명하게 세워야 한다. 정확한 지식으로 서로 협조하고 끈기 있게 생각을 모아야 한다.
일에 가치를 높이기 위해 효과적으로 일을 해야 한다.

무슨 일을 하던지 될 때까지 끈기를 갖고 하면 안 되는 일이 없어. 자꾸만 포기하려고 하면 점점 더 멀어지지, 용기를 내.

홀로 있는 시간

고독이 좋은 것이라는 것을 우리는 인정하지 않을 수 없다.
그러나 또한 고독은 좋은 것이라는 것을 이야기할 수 있는
상대를 가지는 것은 하나의 기쁨이 될 수 있다.

장 루이 발자크

/

May 05

/

사람은 홀로 있을 때 자신을 가장 진실하게 들여다 볼 수 있는 시간을 가질 수 있다.
모든 소리를 떨쳐내 버리고 어떤 모양의 가면이나 가식과 허영이 필요하지 않다. 진실한 삶을 살기 위해 생각할 시간이 필요하다.

피부가 고독한 사람은 바람을 피우고, 마음이 고독한 사람은 작품을 만든다고 하잖아. 인생 한 번 최고의 걸작품을 만들어보자.

불만을 해결하는 방법

불만은 물속에 쏟아진 잉크와 같아서 온 샘을
검은빛으로 채운다. 악에 더욱 집념하게 한다.

오웬 펠담

/

May 06

/

불만을 해결하려면 불평이나 문젯거리를 만들지 말아야 한다.
불만을 당사자와 단둘이 말하고 마음에 걸리는 것을 풀어야 한다.
과거의 것은 다 던져버리고 복잡하게 만들지 말고 하나씩 해결하라. 타인의 생각과 마음을 먼저 읽고 불만을 터뜨리기 전에 감사를 표현하라.

화를 내면서 불만을 토로해봐야 쓸데없는 거야. 불만은 불만을 불러오는 거야. 오래된 일까지 꺼내 불만을 하는 사람은 정말 어리석은 일이지.

함께라는 말

지금도 많은 일을 수행하고 있지만 현재보다
더 많은 것을 할 수 있는 충분한 능력을 갖추고 있다.
분명히 우리는 자신을 좀 더 훈련한다면 더 많은 일을 할 수 있다..

데브라 벤튼

May 07

'함께'라는 말은 가슴을 따뜻하게 울려주는 말이다.
삶은 어울림 속에 이루어지고 서로가 함께할 때 힘이 더 나고 아름답게 조화를 이루며 살 수 있다.
너와 나 우리가 서로 함께할 때 가장 큰 힘이 만들어지고 그 힘을 발휘하게 하는 원동력이 된다.

준비 없이 된 성자도 없고 준비 없이 성공한 사람도 없어. 돌아보면 모두다 열심히 살고 있지. 날마다 내적인 훈련을 하면서 살아가야 해.

삶의 동반자

마음은 언제나 쉬운 관계를 원한다.
하지만 정신은 언제나 영적인 동반자를 모색한다.

조이스 베리 비셀

May 08

우리의 삶은 여행과 같아 똑같은 시간 속에 매년 365개의 삶이란 주머니 속을 채워나간다.
여행은 동반자가 있어야 하고 누구와 어떻게 동반하느냐가 중요하다. 동반자에 따라 삶의 방향이 달라지기에 지치고 힘이 들 때 동행해줄 수 있는 동반자가 꼭 필요하다.

삶이란 여행의 동반자는 정말 사랑하는 사람이어야 하지. 몸과 마음으로 사랑할 수 있는 단 한 사람이 필요해. 온전히 사랑하면 온전히 사랑을 받을 수 있어.

살아갈 이유

역사를 보면 모든 위대하고 당당했던 순간들은 열정의 승리였다.

랠프 월도 에머슨

/

May 11

/

살아갈 이유가 분명한 사람은 눈빛이 항상 맑고 생기가 넘친다. 가야 할 길이 정해져 있으며 조금도 흔들리거나 흐트러짐이 없이 간다.
비바람은 불고 내려야 하고, 꽃은 피어야 하는 것처럼 생명은 너무나 소중하기에 살아갈 이유가 분명하다.

삶을 살아갈 이유가 분명한 사람은 행복한 사람이지. 무엇을 원하고 무엇을 해야 할지 알기에 삶이 날마다 보람 있고 행복하거든.

만족한 삶을 사는 조건

성공해서 만족하는 것이 아니라, 만족하고 있었기 때문에 성공한 것이다.

알랭(에밀 오귀스트 샤르티에)

/

May 12

/

늘 만족하며 즐거워하며 사는 사람은 분명한 삶의 방향과 뜻을 갖고 쓸데없는 후회나 실망을 하지 않는다.
사랑하는 사람을 아끼고, 배려하고, 친구가 많으며, 성격이 발랄한 사람이다.
자기에 대한 평가에 대해 지나치게 신경을 쓰지 않고 늘 즐거운 마음을 갖고 일하며 행복을 느끼는 사람이다.

늘 삶에 만족을 하면서 부족한 것을 채워가는 거야. 만족은 성공을 만들어 주고 행복을 만들어 주지. 하늘은 나무들에게 마음껏 자라도록 공간을 내어주잖아.

마음의 문을 열어라

마음을 열어두면 인생을 투명하게 바라볼 수 있다.
또 마음을 열어두면 병든 마음은 치유되고
아름다운 풍경을 볼 수 있으며 드넓은 우주를 자유로이 넘나들 수 있다.

브라이언 E. 로빈슨

/
May 13
/

많은 사람이 마음의 문을 자물쇠로 견고하게 닫고 감옥을 만들어 갇혀 있다. 모두가 의심과 불안과 초조에서 나오는 잘못되고 그릇된 현상이기에 마음의 벽을 허물어야 한다.

가정도, 마을도, 국가도 마음의 벽을 허물고 열두 대문을 활짝 열듯이 마음의 문을 활짝 열어야 한다.

마음의 문을 꽁꽁 닫아 답답하게 살지 말고, 고민 있으면 이야기도 하고 마음의 벽을 풀어야 해. 그래야 가슴이 후련해지지.

복 받을 사람

우리는 복을 누리고 있으면서도
그것이 복인지 모르기 때문에 감사하는 것을 잊고 산다.

아이작 월턴

/

May 14

/

복 받기를 원하는 사람들은 과거의 불행을 생각하지 말아야 하고 복 받을 마음을 가져야 한다.
과거의 불행만 생각하며 살아가면 축복이 깃들 자리가 없다.
받은 복을 누릴 줄 모르는 사람은 자신이 어떤 복을 받았으며 어떤 복을 받게 될 것인지 깨닫지 못한다.

웃으면 복이 온다고 하잖아. 복 받을 일을 해야지. 감사하고 살면 복을 받는 거야. 복을 남에게 먼저 주면 더 많이 찾아올 거야.

행복을 공유하는 시간

《성경》은 역사적인 위대한 참고 문헌일 뿐 아니라
일상의 안내자이기에 이를 존경하며 이를 사랑한다.

더글러스 맥아더

May 15

자신이 원해서 하는 봉사는 즐거움이 있지만 억지로 마지못해서 하는 봉사는 도리어 괴로움이고 받은 사람도 기분이 좋지 않다.
봉사할 수 있는 마음과 힘이 있다는 것은 참으로 복된 삶이다. 이 세상에 살면서 봉사할 수 있는 것은 서로 행복을 공유할 수 있는 시간이다.

책 중에 책 《성경》을 읽는다는 것은 축복이고 행복이지. 《성경》도 한 번 읽지 않고 인생을 안다는 것은 참 어리석은 일이지. 오늘부터라도 《성경》을 읽기 시작해.

사람을 평가하는 방법

인간성의 밑바닥에 있는 원칙적인 것은
정당하게 평가되기를 바라는 마음의 존재다.

윌리엄 제임스

/

May 16

/

사람을 평가하는 세 가지 방법 중에 인격을 잘 알 수 있는 가장 좋은 방법은 돈을 어떻게 쓰는가를 보면 그 사람을 잘 알 수 있다.
사람들이 돈을 좋아하고 사랑하기 때문이다.
돈을 잘 쓰면 행복하지만 돈을 잘못 쓰면 술과 탐욕 때문에 갖가지 사고가 생겨나고 술로 인해 인생을 망치는 사람도 많다.

돈을 싫어하는 사람은 없지. 그러나 돈이 사람을 살리기도 하고, 망치기도 하지. 잘못된 돈을 가진 사람은 꼭 잘못된 곳에 쓰지만 성실한 사람은 소중하게 여기지.

명품 인생을 살자

두려움은 당신의 자신감을 좀 먹고 자부심을 부패시키며
오랜 시간에 걸쳐 당신이 인생의 낙오자라고 설득한다.
두려움이 당신을 지배하도록 내버려두는 한
당신은 결코 용감하게 승리하지 못한다.

잭 캔필드

/

May 17

/

자신은 세상에서 하나밖에 없는 명품 중의 명품이다.
만일 명품이 가짜 명품이라도 갖기를 원한다면 얼마나 어리석은가.
명품이 가짜 명품을 갖고 다니면 명품도 가짜가 되고 만다.
자신의 모습을 보고 나는 최고의 명품이라고 외쳐보라.

태양을 보고 살면 그림자가 뒤로 간다는 말이 있지. 마음을 편안하게 갖는 거야. 모든 것이 잘 될 것이라고 생각하면 두려움이 사라지기 시작할 거야.

의심은 검은색 페인트와 같다

의심이 가면 대담하게 행동하라.
대담함 때문에 문제가 생긴다고 해도
그보다 더한 대담함으로 문제에서 벗어날 수 있다.

로버트 그린

/

May 18

/

의심은 마음을 불안하게 하고 자신의 믿음을 약화시킨다. 의심은 검은색 페인트와 같고 믿음은 흰색 페인트와 같다. 검은색을 보다 밝게 하려면 엄청난 양의 흰색 페인트가 필요하지만, 흰색은 검은색을 갖다 대면 금방 회색이 된다.

의심은 모든 것을 불안하게 만들지. 사람을 의심하고, 사랑을 의심하고, 자신을 의심하면 엉망진창이 돼. 믿음이 중요한 거야. 의심하기 전에 믿음이 가장 중요해.

주변 사람들을 소중하게 여겨라

자기 이외의 것에서 안정을 찾지 마라.
외부의 혼란은 당신에 대해 아무런 힘도 갖지 못한다.

콜린 터너

May 19

주변 사람들을 괴롭히거나 천대하거나 멸시하지 마라.
자기 주변에서 사람들이 떠나면 얼마나 외로울까.
모두 다 죽으면 땅속에 묻거나 태우면 가루가 되어 버리고 말텐데 미워하며 살 시간이 어디 있는가.
사랑할 시간도 짧기만 하다.

사랑은 죽음보다 강하다고 하지. 미워하는 마음보다 사랑하는 마음이 한결 부드러운데 거칠게 살지 말아야지. 사랑하면 눈빛도 맑아지지.

내일은 꼭 온다

우리가 주지 않는 한 누구도 우리의 자존심을 빼앗을 수 없다.

마하트마 간디

May 20

죽을 것 같을 정도로 힘이 들고 눈앞이 캄캄해 어찌할 줄 몰라도 힘을 내고 견디면 내일은 분명히 찾아온다.
어려움도 구름처럼 사라지고 아마득한 옛일이 되어 웃을 수 있는 이야기로 남을 것이다.
내일은 꼭 온다.

성공한 사람들은 자신이 원하던 내일을 만난 사람들이지. 오늘도 멋진 내일을 만나기 위해 열심히 뛰어보자.

진정한 겸손이란

겸손한 사람보다 힘이 강한 사람은 없다.
겸손한 사람은 자기 자신을 떠나서 하나님과 함께하는 사람이다.

레프 니콜라예비치 톨스토이

May 21

진정한 겸손이란 무엇인가? 늘 낮은 자리에서 주변 사람들을 편안하게 해주는 마음이다.
자신의 무가치함과 한계를 인식하고 다른 사람에게 도움을 청할 줄 알고 늘 배우는 마음으로 살아가는 것이다.
교만은 덕을 잃게 하고 건강을 잃게 하며 참된 삶을 잃게 한다.

겸손은 삶의 미덕이지. 겸손한 삶을 살기란 쉽지 않지만 배우고 익혀서 살면 아름답게 살 수 있어. 가장 낮은 곳에 있는 바다에 물이 가장 많이 모이잖아.

인생은 공짜가 없다

자기 일을 찾아낸 사람은 행복하다.
그로 하여금 다른 행복을 찾지 말게 하라.
그에게는 일이 있으면 인생의 목적이 있는 것이다.

토머스 칼라일

/

May 22

/

인생에 공짜는 없기에 남이 해놓은 것을 그냥 거저먹으려고 날 강도처럼 달려들지 마라.
남이 애써서 힘들여 이루어 놓은 것들을 날름 들어먹으면 자신의 눈에서는 피눈물이 흐를 날이 온다.
남의 가슴을 아프게 하면 자신의 뼛골이 저릴 날이 온다.

모든 것은 대가를 지불해야 오는 거야. 약수터의 물도 떠서 먹어야 하듯이, 대가를 지불하지 않고 얻는 것은 곧 떠나고 말 거야.

불감증 시대를 살아가는 법

고민은 어떤 일을 시작해서 생기는 것보다
일을 할까 말까 망설이는 데서 더 많이 생긴다.

버트런드 러셀

/

May 23

/

오늘의 시대는 시시각각으로 새롭게 변하는 감각의 시대다. 다변화된 사회에서 불감증을 앓고 살아가는 것은 불행 중의 큰 불행이다.
어항 속을 헤엄치는 금붕어도 비관해서 어항에서 튀어나와 투신자살을 했다는 웃지 못할 이야기도 있으니 타인의 삶을 보면서도 감동할 수 있어야 한다.

주변 사람들에게 도움 한 번 안 주고 사는 것은 사는 것이 아니지. 모든 것을 모른 척하며 사는 것은 어리석은 일이야. 그러면 어려움이 생길 때 누가 도와줄까?

누군가를 위해 살 수 있다면

질병과 슬픔이 있는 이 세상에서
우리를 강하게 살도록 만드는 것은 유머밖에 없다.

찰스 디킨스

/

May 24

/

퍽퍽한 삶 속에서도 마주치는 눈빛이 서로 행복할 수 있다면 얼마나 축복받은 삶인가.
안개처럼 사라져갈 삶 속에서 손가락질 받으며 비굴하게 살아간다면 얼마나 비참한 삶인가.
그러나 누군가의 아픈 가슴에 사랑꽃을 피울 수 있다면 보람은 클 것이다.

유머 감각이 없다고 생각하지마. 유머는 자꾸 해보면 나중에는 저절로 잘 돼. 알고 듣고 배운 유머를 자주 써보는 거야.

예술 작품은 마음의 표현이다

너 자신을 아는 것을 너의 일로 삼아라.
그것은 세상에서 가장 어려운 교훈이다.

미겔 데 세르반테스

May 25

최고의 아름다움은 깨끗하고 순수한 마음이다.
곳곳에 공해와 쓰레기가 넘쳐나는데 이것은 사람들의 잘못된 마음의 표현이 생활 속에 그대로 나타난 것이다.
어느 예술가의 경우를 보더라도 예술 작품은 마음의 표현이다.
사람들은 그 작품을 보며 작가의 마음을 본다.

여행을 떠나 맑은 호수를 바라보고 있으면 참 좋지. 사람들도 우리의 마음을 보고 있어. 마음이 맑고 순수하면 사람들이 좋아하잖아.

헌신이란 무엇인가

헌신이야말로 사랑의 연습이다. 헌신에 의해 사랑은 자란다.

로버트 루이스 스티븐슨

/

May 26

/

남을 위해 헌신하는 것은 위대한 덕 중의 하나다.
예수도 인류를 위해 자신의 존귀한 생명을 바쳤다.
삶에서 중요한 것은 나의 몸과 열정을 다 쏟을 수 있는 목표를 먼저 찾아야 한다.
헌신의 대상을 찾게 되었을 때 정성을 다하게 되며 온전한 헌신을 할 수 있다.
헌신이 사랑이며, 사랑이 곧 헌신이다.

봉사하면 삶이 달라지지. 장애인들을 찾아가 봉사를 하면 건강이 얼마나 중요한지 알게 되고, 봉사를 통해서 누군가 도울 수 있는 기쁨을 얻을 수 있지.

돈으로 살 수 있는 것과 없는 것

돈은 노예가 되든지 그렇지 않으면 주인이 된다.

티투스 M. 플라우투스

May 27

돈이란 참으로 좋은 것이지만 침대는 살 수 있어도 잠은 못 사고 좋은 책을 구입해도 지식은 살 수 없다.
음식은 주문해도 식욕은 살 수 없고 옷과 예쁜 장신구는 살 수 있지만 아름다움은 살 수 없다.
좋은 집이 곧 행복한 가정은 아니며 향락은 누릴 수 있지만 만족은 살 수 없다.

돈도 중요하지만, 돈을 쓸 수 있는 마음이 더 중요하지. 세상에서는 돈으로만 되는 것도 있지만, 돈으로 안 되는 것도 있다는 것을 잘 알아야 해.

얼마나 좋으냐

우둔한 사람의 마음은 입 밖에 있지만
지혜로운 사람의 입은 그의 마음속에 있다.

벤저민 프랭클린

/

May 28

/

아등바등 밀치고 밀리는 팍팍하고 메마른 삶 속에서도 가슴 저미도록 사랑할 사람이 있다면 얼마나 좋으냐.
세찬 바람이 불고 험난하게 파도치는 삶 속에서도 어디까지나 동행하는 사람이 있다면 얼마나 좋으냐.
미움이 가득한 세상에 사랑이란 말이 범람하여 세상에 사랑이 가득하면 얼마나 좋으냐.

부자들은 돼지저금통에 동전을 모으지 않는다고 해. 왜냐하면 이자가 붙지 않기 때문이야. 부자가 되려면 그만큼 철저하게 관리를 해야 한다는 거야.

쓸데없는 근심에 빠지지 마라

마음에 상처를 주는 사슬을 끊고
단번에 모든 근심을 지워버린 사람은 행복하다.

푸블리우스 나소 오비디우스

May 29

키가 작다고 근심하지 마라. 옥상에서 보면 키가 모두 다 똑같다. 키가 작으면 좋은 것은 비가 올 때 비를 늦게 맞는다.
뚱뚱하다고 고민을 하지 마라. 목욕탕에 물이 부족할 때 들어가면 꽉 찬다.
몸이 호리호리하다고 고민하지 마라. 몸이 가벼워서 하나님이 들어서 쓰신다.

오늘은 물음표보다 느낌표가 많은 날로 만들어야지. 사람들이 주저앉은 것을 보면 물음표가 무너진 것 같고, 사람들이 환호할 때 보면 꼭 느낌표 같거든.

그리워지는 시간들을 만들자

미소와 악수는 시간이나 돈이 들지 않는다.
그리고 사업을 번창시킨다.

존 워너메이커

/

May 30

/

살아가면 살아갈수록 삶이 너무나 소중하고 짧기만 한데 사랑의 기억들을 남기며 살자.
우리 곁에 살고 있는 사람들이 곁에 있을 때나 떠나 있을 때나 삶을 서로 사랑했기에 언제나 꺼내 보아도 좋을 그리워지는 시간들을 만들자.

해맑은 미소를 보면 기분이 아주 좋아지지. 남에게 가족에게만 그런 웃음을 원하지 말고 거울을 보고 싱긋 웃어봐. 얼굴도 예뻐지지.

마음을 편안하게 하라

모든 사람에게 예절 바르고, 많은 사람에게 붙임성 있고,
몇 사람에게 친밀하고, 한 사람에게 벗이 되고,
아무에게도 적이 되지 마라.

벤저민 프랭클린

May 31

더러운 물에 깨끗한 물을 한 방울씩 계속해서 떨어뜨리면 나중에는 깨끗한 물로 가득 찬다.
불안이 마음에 갑자기 찾아오면 긴장을 풀고 평화와 기쁨을 가져다줄 위대한 진리를 넣으면 불안은 사라지고 평온함이 깃든다.

마음이 편안한 게 최고야. 하지만 평안한 마음이 그냥 찾아오는 것이 아니야. 모두 다 노력하고 애쓴 보람이지.

ONE'S YOUTH

June

얄궂고
싱싱한

……

날것 그대로의
순간들

……

6월

……

시간은
늘 후회를 남긴다는 것을
기억하며

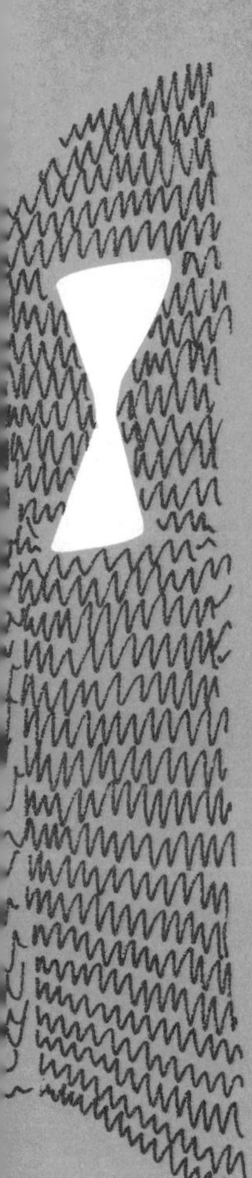

말이나 글로 표현할 수 있는
모든 말 가운데 가장 슬픈 말은
그렇게 될 수도 있었는데 이다.

존 G. 휘티어

행복을 추구하는 것은

사랑을 받는 것이 행복이 아니다.
사랑을 주는 것이야말로 진정한 행복이다.

헤르만 헤세

June 01

행복을 원하는 것은 삶을 살아가는 힘이 되고 이유가 된다. 행복은 매일 아침 집 문 앞에 배달되는 것이 아니고 창문을 통해 들어오는 것도 아니다.
행복은 가족이 함께 만들어가고 그렇게 되기를 기다린다면 언제나 행복함으로 함께 웃을 수 있다.

누구나 행복하기를 원하지. 아름다운 집을 원하고 꽃도 키우고, 그릇도 장만하고, 옷도 아름다운 걸 원하지. 가장 중요한 것은 가족이 한마음으로 살아가는 거야.

오늘만은

산다는 것은 호흡하는 것이 아니라 행동하는 일이다.

장 자크 루소

/

June 02

/

오늘만은 행복하기 위해 마음을 열고 기쁜 마음으로 건강을 생각하고 마음을 굳게 먹고 영혼을 단련시키며 즐겁고 유익하게 지내라.
오늘만은 하루 안에 맡겨진 일을 다 처리하고, 행복을 나눌 프로그램을 만들고, 조용히 휴식할 시간을 가지고, 아무것도 두려워하지 마라.

오늘은 더 즐거운 마음으로 시작하면 어떨까. 아침을 웃음으로 시작하는 거야. 옆에 있는 사람에게 한 잔의 커피를 건네주고 농담도 하면서 말이야.

악수의 여러 가지 의미

참된 사랑은 아무것도 요구하지 않고 아무런 보답도 바라지 않고
상대에게 자기 자신의 애정을 쏟아주는 것이다.

플로렌스 스코멜 쉰

June 03

손에 힘을 많이 주는 악수는 자신감을 표현하고, 힘을 적게 주는 악수는 나약함을 보여 준다.
한 손으로 잡는 악수는 상대방을 이끄는 강한 자이고, 두 손으로 잡는 악수는 나약한 자의 모습을 보여 준다.
자신의 손바닥까지 다 주는 악수는 따뜻함을 전하며, 손가락 부분만 주는 것은 차가운 모습을 보여 준다.

악수할 때 마음이 나타나는 거야. 건성으로 악수하는 사람은 신뢰감이 없지. 손을 다 내어주고 힘 있게 악수를 할 때 마음이 찡하게 통하는 거야.

사랑할 때가 순수하다

남의 행복을 몹시 싫어하고
남의 행복 위에 자기의 행복을 세우려는 사람은
결국 자신도 행복해지지 못한다.

로렌스

/

June 04

/

어느 때가 가장 행복할까?
사랑할 때는 나를 생각하지 않고 남에게 몰두하는 것이다. 자기를 포기하는 것이 아니라, 잊어버리는 것이다. 그것은 남의 눈을 의식하기보다 나의 것으로 볼 때를 의미한다. 사랑할 때가 가장 순수하다.

사랑하는 순간은 언제나 행복을 느끼지. 욕심내지 않고 무엇을 바라지 않고 주는 사랑은 언제나 끊임없이 우리에게 행복을 선물해주는 거야.

타성과 자만에서 벗어나라

나는 지금까지 자기의 욕구를 충족시키려고 노력하기보다는
오히려 그것을 억제하려 함으로써 행복을 얻을 수 있음을 알게 되었다.

존스튜어트 밀

June 05

어떤 일이든지 내 작품이라는 긍지와 자부심을 가지고 눈빛을 반짝이며 적극적으로 접근하려는 기백이 있을 때 승리는 다가온다.
타성과 자만은 성공의 적이다. 타성은 인간을 무사안일하게 만들고 자만은 인간을 바보로 만든다. 타성과 자만에서 벗어나야 한다.

잘나 봐야 얼마나 잘났겠어. 세상에 나보다 못 한 사람이 없다고 살아야 해. 잘 사는 거야. '쓸데없이 자만하면 해가 되지' 하고 바보가 되는 거야.

스스로 해결하라

목적 없이 행동하지 마라. 처세를 위한
바르고 훌륭한 원칙에 따라 행동하는 이외의 어떤 행위도 하지 마라.

마르쿠스 아우렐리우스

/

June 06

/

우리는 위대한 사람들이 가지고 있는 두 팔과 두 손, 두 다리와 지혜롭게 사용할 수 있는 두뇌가 있다.
이 모든 것을 가지고 정상을 향해 출발해야 한다. 그리고 "나는 할 수 있다"고 말하며 이루어 나가면 위대하게 될 수 있다.
도전할 마음을 갖추고 스스로 해결해야 한다.

가장 중요한 것은 자신의 마음이야. 마음이 움직여야 몸도 따라 움직이지. 우리는 모든 것을 갖추고 있기에 도전만 하면 되는 거야.

행복을 선물하는 사람

아무리 큰 성공을 거두어도 성실한 사람이 아니라면
당신은 절대로 위대한 사람이 아니다.

벤저민 프랭클린

June 07

행복과 기쁨!
행복감은 생겨나기도 하고 때때로 시들고 없어지는 감정이다.
행복이 동요시키고 들뜨게 만든다면 기쁨은 우리를 한 자리에 뿌리를 내리게 하고 감동과 감격을 선물한다.
"나는 행복하다"고 말하는 사람은 타인에게도 행복을 선물하는 사람이다.

이 세상에는 늘 불행을 만드는 사람이 있고, 늘 행복을 만드는 사람이 있지. 나는 오늘도 행복을 나누어주는 사람이 될 거야.

스트레스를 날려 보내라

우리는 죽음을 두려워하면서도 깊은 잠과 아름다운 꿈을 갈망한다.

칼릴 지브란

June 08

스트레스가 많은 사람은 사소한 일에도 지나치게 걱정하고, 고민하고, 아무것도 못할 정도로 소극적이다.
타인의 시선을 지나치게 의식하면서 자신이 어떻게 비춰지고 있는지 불안하다. 자신을 과소평가하는 경향이 강하기 때문에 자기혐오에 빠져 피곤하게 만든다.
스트레스를 단 한 방에 날려 보내야 한다.

스트레스를 받으면 맛있는 차를 한 잔 더 하든지, 길을 걷든지, 영화를 보든지, 아니면 친구를 만나든지 마음을 한 번 바꾸는 것이 좋아.

혼자라는 고독

가장 높은 곳에 올라가려면 가장 낮은 곳에서부터 시작하라.

푸브릴리우스 시루스

/

June 09

/

혼자라는 고독을 느껴본 적이 있는가.
어쩌면 바쁜 일정 속에 혼자를 만나본 적이 드물지도 모른다.
언제나 많은 것에 휩싸여 살고 있기에 자신의 모습을 살펴볼 시간이 없었다.
일과 컴퓨터, 가족과 직장을 맴돌며 진정 자기만의 시간이 너무나 적었고 무언가에 항상 이끌려 살아온 것이다.

도대체 재미가 없고, 흥미를 잃고 왜 혼자일까? 이럴 때 즐겁게 여행했던 사진을 보는 것도 좋을 거야. 즐겁게 여행했던 때처럼 다시 떠나기 위해 즐겁게 살아야지.

건강 비결은 무엇인가

건강을 유지하는 첫 번째 방법은 가정의 화목과 마음의 안정이다.

에드워드 영

/

June 10

/

건강하게 살아야 할 권리를 가지고 일을 재미있게 하는 습관 갖고 최소한 취미를 가지고 휴식을 즐겨야 한다.
사람들을 좋아하고 만족할 것을 찾아야 한다.
역경을 통과하는 마음을 갖고 명랑하게 살며 음식을 맛있게 먹고 건강할 수 있도록 운동을 해야 한다.

건강해야 무엇이든지 즐겁게 활기차게 할 수 있지. 식사도 잘하고 운동도 하고 매사를 기분 좋게 하는 거야. 오늘도 그렇게 살아야지.

걱정이란 무엇인가

앞서 간 사람과 어깨를 나란히 하려면 두 배로 일을 해야 한다.

벨타살르 그라시안이모랄레스

/

June 11

/

걱정이란 결코 언덕에 오르지도 못하고 눈물을 마르게 못 한다. 마음을 진정시키지 못하고 요리해 내지도 못 한다. 부서진 수레바퀴를 수선하지 못하고 누구의 직업을 얻어 준 것도 없다.

걱정은 어떤 것도 해낸 적이 없으니 걱정으로 시간과 정력을 낭비하지 마라.

머리 싸매고 신경 써봐야 두통만 찾아올 뿐이야. 걱정은 아무것도 해결하지 못해. 걱정하지 말고 시작해. 잘 풀릴 거야.

기적

기적이란 무엇일까? 말로는 표현하기 어려운 것이지만,
기적은 누구에게나 일어날 수 있는 것이란
기적은 기적을 믿는 자에게 일어난다.

버나드 브렌슨

June 12

기적이란 이루어질 수 없다고 생각한 것이 이루어지는 것이다. 그것이 기적의 놀라운 모습이다.
기적이라고 하는 것은 기이하지만, 이루어낸 사람에게는 가장 보람된 일이다.
다만 마음을 굳게 하고 또는 열정을 쏟으면 기적은 일어난다.

기적은 그냥 하늘에서 뚝 떨어지는 것이 아니야. 땀 흘린 만큼 이루는 것을 보는 거야. 일한 보람이 하루에 일어난 것처럼 보이는 거야.

양심이란

양심은 스스로 돌아보아 부끄럽지 않다는
자각을 갑옷 삼아 아무것도 두렵지 않은 좋은 친구다.

알리기에리 단테

June 13

양심은 '무엇을 함께 안다'는 뜻이다.
자신의 마음을 자신이 깨닫도록 도와주는 내적인 지식이다.
양심은 어떤 나쁜 행동을 했을 때 느끼게 되는 마음의 고통이다.
창문이 더러워지면 빛이 많이 들어오지 못하는 것처럼 마음이 더러워지면 빛은 어둠에 휩싸이게 된다.

"양심부터 고쳐라"는 말을 듣는다면 문제가 있지. 자기 스스로 양심에게 물어보아도 당당한 삶을 살아야 삶을 제대로 사는 거야. 양심에게 한 번 물어봐!

마음은 방과 같다

마음의 진정한 가치를 알 수 있는 가장 좋은 방법은
마음을 사용할 수 없을 때 삶이 어떤가를 깨닫는 것이다.

잭 캔필드

/

June 14

/

방도 용도에 따라 쓰임새가 달라진다.

밥상을 갖다 놓으면 식당이 된다. 책상을 갖다 놓으면 공부방이 된다. 방에다 방석을 깔고 차를 대접하면 응접실이 되고, 이불을 깔면 침실이 된다. 요강을 갖다놓으면 화장실이 되고, 담요를 깔고 화투를 치면 도박장이 된다.

마음도 행위에 따라 달라진다.

오늘 우리의 마음에 어떤 것이 찾아오느냐에 따라 오늘의 삶이 달라지는 거야.
유혹은 잘못된 길을, 진리는 바른길로 안내하지.

마음이 조각날 때

가치 있는 인생을 살기 위해서는 내게 주어진
특별한 능력을 사용하고 또 개발해야 한다.

마이클 버그

June 15

갖가지 상처로 마음이 조각날 때 내버려두면 더 상처가 나고 몸서리치도록 아픔에 독하게 고통당할 수 있다.
상처 입은 마음은 깨진 유리조각처럼 가까이 있는 사람들에게 상처를 준다.
상처 난 마음의 조각조각들을 사랑이란 접착제로 붙여서 흐트러진 마음도 하나가 되고 큰 힘을 만들어 낼 수 있다.

생선도 죽어 있는 것과 살아 있는 것이 값이 엄청나게 차이가 나는 거야. 인생도 마찬가지야. 가치 있게 살아야, 사람대접을 제대로 받을 수 있어.

잊지 말아야 할 것들

승리는 노력과 사랑에 의해서만 얻어진다.
승리는 가장 끈기 있게 노력하는 사람에게 간다.

나폴레옹 1세

/

June 16

/

실패해서 가슴 아팠던 일들은 결코 잊지 말아야 하고, 서로 약속했던 것들은 꼭 지키기 위해 머릿속에 꼭 기억해두어야 한다.
도움받고 사랑받았던 일들도 마음 판에 꼭꼭 새겨 놓고 오랫동안 잊지 말고 사랑을 베풀어야 한다.

오늘도 용기 있게 하루를 살아야지. 내가 세상에 존재할 수 있다는 기쁨을 알면 무엇이든지 잘할 수 있는 용기가 생기는 법이야.

불행을 이용하라

불행을 받아들이는 사람에게는 불행이 결코 슬퍼할 것이 못 된다.
왜냐하면 그런 사람들은 언제나
모든 구름 속에서 천사의 얼굴을 보기 때문이다.

제롬

/

June 17

/

불행을 불행으로 끝을 맺는 사람은 지혜 없는 사람이다. 불행 앞에 우는 사람이 되지 말고 딛고 일어서 하나의 출발점으로 이용할 수 있는 사람이 되라. 불행은 예고 없이 다가오지만 새로운 길을 발견할 힘이 되고 때때로 유익한 자극제가 될 수 있다.

사람들에게 불행이 예고 없이 찾아올 때가 있지. 불행도 슬기롭게 극복하면 행복이 되는 거야. 세상사 마음먹기에 달렸다고 하잖아.

아픔을 이겨내라

고통은 인간을 생각하게 만든다. 사고는 인간을 현명하게 만든다.
지혜는 인생을 견딜만한 것으로 만든다.

존 패트릭

/

June 18

/

성공하는 사람들은 지독한 아픔을 입술을 깨물며 이겨내며 정면으로 부딪치며 돌파해 나간다.
추운 겨울이 지나고 봄이 오면 온 세상이 초록의 희망으로 가득하다.
씨앗들이 흙을 뚫고 새싹이 되어 아픔을 뚫고 나오면 희망이 보이고 큰 나무가 열매를 맺는다.

새싹도 땅속에서 싹이 트려면 200배의 힘을 주고 나와야 하지. 아픈 만큼 성공한다는 말이 맞아. 아픔이 있어야 모든 것이 더 고귀한 줄 알게 되는 거야.

비행기를 생각하라

한 가지 뜻을 두고 그 길을 걸어라. 잘못도 있을 것이다.
그러나 다시 일어나 앞으로 가라.

프라케르

June 19

커다란 비행기가 하늘을 날아다닌다는 것은 참으로 신기한 일이다. 무거운 쇳덩어리가 많은 시간 동안 하늘을 날아간다는 것은 참으로 놀랍다.
바람을 잘 이용해야 비행기가 뜰 수 있다.
고난과 역경이 있어야 성공을 할 수 있다.

비행기를 타고 가면 신기하기도 하지. 그 먼 나라로 보내주니까 말이야. 인생도 열심히 살면 성공이라는 터미널에 내려줄 거야!

극복해야 하는 것들

눈앞의 실패에 좌절하지 않을 수 있는
장기적인 목표를 반드시 가지고 있어야 한다.

찰스 C. 노블

/

June 20

/

성공을 향한 뜨거운 열망이 있다면 타고난 불리한 환경과 목적의식의 부족과 야망의 결핍을 극복해야 한다. 좋지 못한 건강, 우물쭈물 대며 망설이는 태도와 인내심 부족, 부정적인 습관과 낭비벽과 이해심의 부족을 극복해야 한다.

우리가 제일 먼저 극복해야 할 것은 나약한 마음이지. 사람은 근성이 있어야 해. 무엇을 하면 끝까지 가는 근성이 있어야 해.

뜨겁게 살고 싶다

목적이 멀면 멀수록, 더욱더 앞으로 나아감이 필요하다.
성급하게 굴지 마라. 그러나 절대로 쉬지는 마라.

마찌니

/
June 21
/

뜨겁게 살고 싶어 방금 구워낸 따뜻한 호떡을 좋아하고 얼굴이 벌게지도록 매운 고추를 먹어보고 매운 낙지볶음도 가슴 뜨겁게 먹어 보았다.
뜨겁게 사는 것이 쉬운 일이 아니다.
그러나 가슴이 뜨거워지면 삶에는 살고픈 마음이 가득해진다.

바다에서 파도가 성난 듯이 치는 것을 보면 가슴이 뜨겁게 살고 싶다는 생각이 들지. 가슴이 뜨거워지도록 열정을 갖고 살아야지!

꿈은 바라는 것이다

사람이 위대해지는 것은 노력의 산물이다.
문명이란 참다운 노력의 산물이다.

새무얼 스마일즈

/

June 22

/

꿈이란 바라는 것, 마음속에서 일어나는 소원이며, 보이지 않는 능력이며, 구체적인 목표다.
사람들은 자신의 꿈을 누가 물어보아도 확신에 찬 눈빛으로 정확하게 말할 수 있어야 한다.
자신이 원하던 꿈을 이루어냈을 때 긍지와 자긍심이 만들어진다.

사람들에게 꿈을 물으면 90퍼센트가 말하지 않는다고 하지. 꿈이 있어도 표현하지 못하는 거야. 오늘도 꿈을 말하고 꿈을 이루러 가는 거야.

꿈을 갖기 위한 질문을 던져라

천천히 조급하지 않게 걷는 자에게 이르지 못할 먼 길은 없으며
끈기 있게 준비하는 자에게 얻지 못할 이득은 없다.

장 드 라브뤼예르

June 23

꿈이 어디로 향하고 있는가를 알면 왜 중요한가를 느낄 수 있다. 가장 중요한 것은 무엇을 꿈꾸며, 무엇을 어떻게 이루어가며, 어떻게 성취할 것인가가 중요하다.
꿈이 이루어지기를 원하며 꿈을 꾸고, 질문을 던지고, 행동으로 옮기면 그 꿈은 이루어진다.

가끔씩 자신에게 꿈을 물어보고 점검하는 거야. 꿈이 잘 이루어지고 있는지, 아니면 다른 방향으로 가고 있는 것은 아닌지 잘 알아야 해.

가난할 때

양심과 명성은 두 개의 사물이다.
양심은 너희 자신에게 돌려야 할 것이고,
명성은 너희 이웃에게 돌려야 할 것이다.

아우구스티누스

/

June 24

/

가난할 때 애 터지게 아파, 던져버리면 모든 것이 좋아질 줄 알았다.
가난할 때는 가족을 사랑하는 마음으로 더 열심히 살아간다. 그러나 부유함에 있으면 늘 욕심과 욕망이 새로운 것을 하도록 부추긴다.
부유해도 가난해도 항상 따뜻하고 착한 마음으로 살아가야 한다.

가난할 때는 모든 것이 다 소중해 보이지. 늘 가난한 마음가짐을 버리고 살면 안 되는 거야. 가난할 때를 잊으면 불행으로 가는 지름길이야.

흙을 사랑하라

영혼 속의 응답은 빛을 내기 위해 에너지를 공급한다.

베르트 헬링거

/

June 25

/

흙은 뿌리내리는 지상의 모든 것에게 마음껏 자랄 수 있도록 터를 만들어 주고 내쫓지 않고 가득하게 품어준다.
짓밟고 파헤쳐도 아무런 말이 없다.
말없이 모든 것을 다 받아준다.
생명이 풍성하게 자랄 수 있는 넉넉한 여유를 베풀어준다.
뿌리는 대로 거두게 해주고 심은 대로 거두게 해준다.

흙은 참으로 신비로운 거야. 모든 것이 잘 자랄 수 있도록 잘 도와주지. 우리 마음도 흙처럼 넓은 마음이 되어야 행복할 수 있어.

선장에게 배워라

인간에게 있어 최대의 영광은 한 번도 실패하지 않는 것이 아니라,
넘어질 때마다 일어나는 것이다.

골드 스미스

June 26

인생은 고요한 바다를 순항하는 배를 타고 가는 것이 아니다.

비바람을 만나고, 폭풍우를 만나고, 시시각각으로 다가오는 절박한 상황을 이겨내기 위해 피나는 노력을 해야 한다.

선장은 어떤 순간에도 포기하지 않고 비바람과 폭풍우와 성난 파도도 이겨낸다.

삶의 선장을 잘 만나야 행복하지. 예수 그리스도께서 우리의 삶의 선장이 되시지. 얼마나 마음 든든한지, 행복한 삶이야.

창고의 열쇠를 열며

모든 것의 영원한 가치는 영원한 나라에서 밝혀지게 될 것이다.

존 웨슬리

/

June 27

/

오랫동안 열어보지 않았던 창고를 열 때 열쇠 꾸러미에서 어떤 열쇠인 줄 몰라 계속 열쇠를 꽂았을 때 마지막 열쇠에서 열릴 때가 있다.
이것이 바로 삶 속에서 쉽게 지치지 말고 포기하지 않고 꾸준히 도전해야 할 이유를 알게 한다.
도전의 성공은 미래를 알게 한다.

어떤 상황 속에서 잘 대처하는 것은 준비가 그만큼 철저하게 이루어져야 해. 변화 속에서 같이 변화되어야 하는 거야.

땀과 눈물과 피

인생살이 모든 비결은 결국 내려놓기와
부여잡기를 적절히 혼합하는 것이다.

헤블록 엘리스

/

June 28

/

몸에서는 세 가지의 액체가 나온다.
피와 땀과 눈물이다.
최선을 다할 때 피와 땀과 눈물이 쏟아진다.
모든 성공은 피와 땀과 눈물이 이루어낸 것이다.
피는 용기의 상징이요, 눈물은 정성의 심벌이요, 땀은 노력의 표상이다.

땀 흘린 만큼 대가는 돌아오는 법이지. 농부가 봄에 땀 흘리면 가을에 즐겁게 거두듯이 오늘도 땀 흘리면 땀 흘린 만큼 거두는 거야.

마음이 답답할 때

별자리가 그 고요한 화려함을 물속에 비추고 있을 때
잔디밭에선 그보다는 온화하지만 데이지꽃이 밤새도록 빛나고 있다.

만프레드 하우스만

June 29

마음이 답답해지면 창문을 열고 푸른 하늘을 바라보라.
그래도 답답하면 산에 올라 소리를 마음껏 질러보라.
그래도 답답하면 다정한 친구를 만나 시원한 냉커피를 마시며 대화를 하라.
하루 종일 쏘다니다 보면 마음이 한결 편해서 돌아올 것이다.

마음이 답답하면 음악을 들어도 좋을 거야. 좋아하는 음악을 많이 들으면 기분이 좋아지거든. 그래도 안 되면 노래방에 가서 실컷 노래를 불러봐.

최선을 다하라

지금 이 순간을 잡아라. 그대가 할 수 있는 일,
꿀 수 있는 꿈을 마음을 넓고 크게 먹고 시작하라.
담대함에는 재능과 힘과 마법이 있다.

요한 볼프강 괴테

/

June 30

/

최선을 다해 살아가면 보람을 느끼고 삶에 리듬감을 탈 수 있다. 자신 스스로도 사랑하게 되고 기쁨과 동기 부여를 해준다.
최선을 다해 꾸준히 있는 힘을 다할 때 원하는 것을 얻는다. 그러나 자신의 능력을 모르고 날 뛰면 도중에 힘이 빠져서 지치고 만다는 것을 기억해야 한다.

귓속에 마음속에 날마다 외쳐도 좋을 소리가 "최선을 다하자!" 이지. 최선을 다하면 최고의 결과가 꼭 나에게 올 거야.

BEGIN
AGAIN

TEMPTATION

July

매력이
넘실넘실
파도를 탄다

……

우리집 냥이도
하얀 털 벗어 던지고
옆집 냥군
꼬시러 간다

……

7월

……

비늘을
벗어 던지며

감사는 영혼에서 피어나는 가장 아름다운 꽃이다.

헨리 워드 비처

사랑에 깊이 빠져라

자신의 본 모습대로 살아갈 때 행복의 최고봉을 맛본다.

데시데라위스 에라스뮈스

July 01

사랑에 깊이 빠져보지 못한 사람은 인생을 잘 모르는 사람이다. 이 지상에 내가 사랑하는 사람이 살고 있다는 것은 참으로 행복한 일이다.
사랑을 하면 그리움이 생기는데 그리움 속에 사랑을 아름답게 꽃피우고 싶은 계절이 찾아온다.
만발한 사랑꽃 향기에 세상은 취한다.

일에 열중하는 사람의 모습을 보고 있으면 멋지지. 오늘은 그런 사람의 모습이 되는 거야. 열중하는 모습이 아름답지. 그 모습을 만드는 거야.

염려를 이기는 습관

불안이 없는 생활은 생각만 해도 굉장하다.
불안을 극복한다는 것은 행복이며 구원이다.

헤르만 헤세

July 02

염려를 이기고 평안해지고 싶다면 너그러운 마음을 갖고 의자 깊숙이 몸을 묻고 생각하라.
지금까지 본 가장 아름답고 황홀한 것을 상상해 보라. 자신이 살면서 어려울 때마다 좋았던 일들을 생각하며 감사하라.
내 마음은 잔잔하다고 외치며 살라.

불안하다는 것은 완전하지 못하는 것이지. 제대로 준비하고 제대로 일하면 불안 요소가 사라지지. 무엇을 하더라도 꼼꼼히 하는 습관을 들이면 달라질 거야.

증오의 독을 버려라

증오는 좁은 마음에서 생성되는 악이다. 그 증오의 주식은
온갖 편협과 인색과 옹졸이며 천한 횡포를 구실로 삼는다.

장 루이 발자크

July 03

증오는 독한 독이지만 용서와 사랑으로 해독할 수 있고, 이 해독제를 사용하면 모든 미움은 한순간에 사라진다. 사랑을 베풀고 나누면 마음의 평화를 얻을 수 있다. 미움이나 원망, 질투하는 감정은 마음에 아픔의 멍을 쉽게 남긴다.

미워도 다시 한 번이라는 말이 있지. 미움이 가득하면 증오라는 독성이 해롭게 만들어. 사랑은 미움보다 강하잖아. 미워하지 말고 사랑하며 살자구.

목표를 향해 살아가는 방법

인간은 자기 나름대로 어떠한 목표를 정하고 착실하게 살아나가야 한다.
아무런 목표 없이 그날그날을 산다면 동물과 같다.

알베르 카뮈

/

July 04

/

그냥 먹고, 자고 살면 무의미하고 늘 짜증스럽고 턱없는 두려움으로 인한 무기력 속에 살아가게 된다.
조금도 양보하지 않는 것은 어리석고 바보 같은 일이다.
목표를 향해 고난의 길을 걷는 것은 희생과 자기 부인, 겸손 속에 목적을 향한 일념이 있는 길이다.

마라톤 선수가 결승점에 도달하는 모습은 언제 보아도 멋진 모습이잖아. 목표를 향해 달려왔기에 우승하는 모습에는 웃음이 가득하듯이. 삶도 그렇게 만드는 거야.

참된 결단

결단해야 할 것을 하려고 결심하라.
일단 결심한 것은 반드시 실행하라.

벤저민 프랭클린

July 05

불행하게 만드는 것은 먹을 것이 부족할 때, 입을 것이 없을 때가 아니다. 삶의 목적을 잃어버리는 것이 불행하게 만들고 빈곤하게 만든다.
구석구석 상처가 나도, 마음에 비참함을 느껴도 삶의 목적을 잃어버리면 안 된다.
참된 목적이 있다면 참된 결단이 생겨나게 되는 것이다.

결단하는 마음이 있어야 바르게 행동할 수 있는 거야. 살면서 종종 결단이 필요할 때가 있지. 결단을 바르게 해야 삶을 분명하게 살 수 있는 거야.

당신도 그럴 때가 있다

전부를 주고도 일체를 거부당해도
언제까지나 변하지 않아야 진정한 사랑이다.

요한 볼프강 괴테

/

July 06

/

허물만 들춰내어 함부로 침을 뱉지 마라. 당신도 그럴 때가 있다.
잘못만 찾아내어 함부로 욕하지 마라. 당신도 그럴 때가 있다.
부족을 밝혀내어 함부로 비난하지 마라. 당신도 그럴 때가 있다.
실수만 골라내어 함부로 탓하지 마라. 당신도 그럴 때가 있다.

남을 함부로 비난하고 모함하고 헐뜯는 것은 참 어리석은 일이야. 실수 한 번 안 하는 사람이 어디 있어. 남을 욕하기 전에 자신을 먼저 돌아봐야지.

음악을 감상하라

모든 성공한 사람들은 큰 꿈을 가슴에 품고 있다.
그들은 모든 면에서 이상적인 미래의 모습을 상상한다.

브라이언 트레이시

/

July 07

/

음악은 감성을 자극해 주고 삶에 리듬감과 생동감을 불어넣어 준다.
때로는 신나는 음악을, 때로는 잔잔한 음악을, 때로는 격동적인 음악을 듣는 것도 좋다.
음악은 상상의 나래를 펼쳐주고 곡조와 리듬 속에 빠져 몸과 마음을 춤추게 한다.

오늘은 의욕이 넘치게 일해 보면 어떨까? 능률이 오르지 않을까! 힘 있게 힘차게 하루를 보내면 보람 있는 하루가 될 거야.

나를 일깨워 주는 것들

어느 날 우리는 길을 떠난다. 오래전 민들레 곁에서
지빠귀의 노란 눈동자를 보며 약속한 대로.

안 스카셀

/

July 08

/

삶 속에는 나를 일깨워주는 것이 많다.
뉴스, 책, 가족들, 친구들, 동료들 사이에서 일어나는 일들이 나를 일깨워주고 변화시켜 준다.
때로는 실수한 것들이 실패한 것들이 나를 일깨워주고 새롭게 한다. 때로는 잘한 것들이 멋진 일들이 나를 일깨워주고 행복하게 만든다.

자신을 일깨워주는 것들을 만날 때 더 발전하고 새롭게 되는 거지. 오늘은 대화할 때 다른 사람의 말도 잘 듣고 나를 돌아보는 날이 되면 좋을 것 같아.

멈추지 말고 계속 행동하라

우리는 한계를 모르는 무적의 팀이다.
아무도 우리의 실력을 알지 못한다.
이번이 우리에겐 첫 경기다. 마음껏 싸워라.

다이어트 젤

July 09

몸에 피가 돌지 않으면 죽음이 찾아오고, 강도 물이 흐르지 않으면 강이 아니다.
살아 있는 모든 것은 마음껏 자라고 성장을 멈추지 않는 것은 생명력이 살아 있기 때문이다.
멈추지 말고 계속 앞으로 나아가는 것이 용기있는 자의 용기있는 행동이다.

살아 있는 것은 움직이고 행동하지. 그러나 죽은 것들은 모든 것이 정지되고 마는 거야. 살아 있는 날 동안 열심히 심장이 뛰도록 살아가야지.

절망의 계단에서 일어서라

성공하는 사람은 절망으로부터 많은 것을 배워
새로운 방법으로 다시 도전하는 사람이다.

데일 카네기

/

July 10

/

뼈저린 고통과 절망의 통한의 눈물을 흘려보지 않은 사람은 없다. 머릿속에서 절망을 버리고 새롭게 살아야 한다.
희망을 갖고 살지만 수시로 절망하게 하는 일들이 찾아온다.
소극적인 생각과 행동을 하면 절망은 마음에 둥지를 다시 만들려고 할 것이다.

절망은 바보들이 하는 거야. 어떤 일이 있든지 절망하지 말고 희망을 품고 살아야 해. 소극적으로 살지 말고 언제나 적극적으로 살아가자.

잘못된 습관은 버려라

습관은 아주 오랫동안 지속된다.
그러므로 자기 인생을 결정하는 습관을 신중하게 선택해야 한다.

잭 D. 핫지

July 11

남을 비난하는 나쁜 습관을 계속 갖고 있으면 쓸데없이 스스로 자학을 잘하게 된다.
가까운 길을 두고도 먼 길로 가려고 하는 지혜롭지 못한 어리석음을 갖고 있다.
작은 일을 무시하거나 빨리 포기하려는 습관을 버려라.

잘못된 생각이나 습관을 하루라도 빨리 버리는 것이 좋아. 아무 쓸모도 없는 것을 끌어안고 사는 어리석은 행동은 하지 말아야 해. 좋은 습관으로 산뜻하게 살아야지.

부정적인 말을 하지 마라

감사는 영혼에서 피어나는 가장 아름다운 꽃이다.

헨리 워드 비처

/

July 12

/

부정적인 생각과 말은 아무것도 할 수 없다.
"나는 결코 해내지 못할 거야."
"내일은 잘못될지도 몰라."
"다른 사람이 날 좋아하고 따를 수가 없지."
"나는 실패자야."
"나는 항상 불운했다."
이런 생각을 버려라.
성공한 사람이란 다른 사람이 자기에게 던진 벽돌로 기초를 쌓은 사람이다.

부정적인 생각을 하면 부정적인 말을 하고 부정적인 행동을 하는 거야. 오늘은 긍정적인 생각과 말, 그리고 긍정적으로 사는 거야.

일생동안 멋지게 살자

내 영혼을 더럽게 만드는 마음을 받아들이지 않으리라.

부커 워싱턴

/

July 13

/

인생이란 여행에서 벗어나 한순간 탈출하고 싶지 않다면 살아가는 날 동안에 주어진 시간들을 소중하게 만들며 살아가자.
여행을 떠나면 좋은 이유는 일상에서 벗어나 순서에 따라 가벼운 마음으로 여행을 할 수 있기 때문이다.
잠깐 마음을 비우고 기억의 메모리에 아름다운 추억을 담아보자.
삶도 여행처럼 일생동안 멋지게 살자.

삶을 살아가는데 성공적인 삶을 살지 못한다면 얼마나 비참하고 어리석은 일일까. 삶을 삶답게 살아가는 것이 아름다운 삶이야.

싸늘한 시선을 느낄 때

불평하지 않는 법을 배우면서
내가 진정 원하는 것이 무엇인지 알게 되었다.

오프라 윈프리

/

July 14

/

싸늘한 시선으로 바라보면 세상의 모든 것이 싸늘해 보인다.
미움의 시선으로 바라보면 세상의 모든 것이 미워지게 보인다.
엉큼한 시선으로 바라보면 세상의 모든 것이 엉큼해 보인다.
따뜻한 시선으로 바라보면 모든 것이 따뜻해 보인다.

눈빛은 마음의 창과 같아. 맑고 빛나는 눈빛을 누구나 좋아하지. 세상을 아름답게 보면 눈빛도 더 아름다워질 거야.

엉킨 것들 풀어내기

용기는 두려움을 멀리함으로 오는 것이 아니라 이를 극복함으로 온다.
용기는 별로 인도하고, 두려움은 죽음으로 인도한다.

루키우스 안나이우스 세네카

July 15

사람과 사람 사이가 뒤죽박죽으로 뒤엉켜 풀 수 없어도 진실을 말하면 쉽사리 풀린다.
아무리 가까운 사이라도 진실을 가리면 미워지고 싫어진다.
거북스럽고 짜증스러워도 엉키고 섞인 것들은 풀어야 생기가 돌고 살아갈 맛이 난다.

어렸을 때 뜨개질 실을 엉키게 하면 어머니는 잘 풀어 다시 감아 놓으셨지. 참 신기했지. 어떻게 풀었을까? 삶도 잘 풀어가는 거야.

성공을 명중시켜라

좋은 삶을 따라가면 삶의 환경도 좋아진다.
우리 삶의 환경은 우리의 인간 됨됨이를 따라간다.

아우구스티누스

July 16

성공이라는 화살을 쏘고 싶다면 과녁에 있는 힘을 다해 정확하게 한가운데를 명중시켜라.
마음에 단단히 각오하면 분명히 화살이 날아가 맞을 것이다. 불안한 마음을 다 떨쳐버리고 온 마음과 온 힘을 다해 성공이란 화살을 강하게 쏘아라.

무슨 일을 하든지 강한 확신이 있으면 일하기가 쉽지. 의심은 의심을 낳을 수밖에 없는 거야. 강한 확신이 있는 사람이 리더가 될 수 있어.

무지하게 쓸쓸한 날

위대한 인물에게는 목적이 있고
평범한 사람들에게는 소망이 있을 뿐이다.

워싱턴 어빙

July 17

무지하게 쓸쓸한 날 외로움이 물씬 배어 있을 때 불쑥 나타나 만나주면 무척 반가워 눈물이 날 것이다.
더디게 지우려다가 먼지 가득 낀 기억에 그리움의 온기를 모아 놓으면 사랑의 따스한 정이 온몸에 퍼져 그리움도 쑥쑥 잘 자란다.

쓸쓸한 날을 지혜롭게 잘 보내면 더 행복해지지. 다시는 쓸쓸하게 살고 싶지 않을 거야. 사랑하는 가족과 사람들에게 더 잘해 주고 싶을 거야.

일 처리를 잘하는 지혜

어디까지 가능한지 알려면 불가능의 영역으로 들어가야 한다.

아서 C. 클라크

/

July 18

/

항상 앞장서서 실천하고 행동하며 머리를 충분하게 활용하고 스스로 나서서 일하라.
흐르는 시간만 계산하지 말고 항상 기대 이상의 일을 하며 모든 일을 신중하게 처리하라.
남에게 베풀고 배려하는 것은 따뜻한 마음을 연마하는 것이다.

어떤 일을 하든지 눈치만 보면서 뒤에서 서성거리며 시간이 가기만을 기다리는 것은 어리석은 행동이야. 할 일은 늘 앞장서서 해야 삶이 달라지는 거야.

건물을 건축하듯이

양심은 작고 고요한 목소리지만
때로는 달래기 힘들 정도로 시끄럽게 외친다.

버트 머레이

July 19

멋진 건물을 설계하고 하나씩 건축해 나가듯이 삶도 나이만큼씩 완성되도록 진가를 높여나가야 한다.
나이만큼 인생이란 작품을 원하던 대로 잘 만들어 간다면 어느 날 갑자기 다가온 듯이 황혼이 찾아와도 후회는 없을 것이다.

돈을 벌고 성공하더라도 순수한 마음을 잊지 말아야 해. 사람은 인간적이어야 좋아. 너무 변하면 사람들도 떠나고 싶어지는 거야.

가슴 뭉클하게 살자

장인이 되는 것보다 비평가가 되는 것은 더 쉬운 일이다.

제욱시스

/

July 20

/

평범하게 사는 것도 좋지만 가슴 뭉클하도록 살자.
정말 이런 일도 있구나 하면서 눈앞에 자신이 하고 싶은
일들이 현실이 되어 걸어오는 것을 보자.
"나에게는 왜 신나는 일이 일어나지 않을까?"
신세타령만 하지 말고 신나는 일을 스스로 만들자.

살다 보면 가슴이 찡하고 뭉클한 일들이 생겨나지. 너무 좋아서 소리를 지르고 싶을 정도로 말이야. 신나는 일이 자주 생겼으면 좋겠다.

삶이 갑자기 어두워질 때

우리의 인생은 우리가 노력한 만큼 가치가 있다.

프랑수아 모리아크

July 21

절망의 늪까지 내려가면 앞과 뒤가 깜깜하고 온몸이 달그락거려 의욕이 사라지고 겁이 난다.
얼굴에는 눈물 자국이 남아 있고 뼈마저 삐쩍 말라 버리고 신경마저 가늘어져 간다.
가시덤불 속을 헤매는 것만 같고 깊은 수렁에 빠진 듯 빛이 사라진다.
이때 마음에 희망의 등불을 켜면 어둠은 사라지고 밝은 빛이 들어오게 된다.

늘 우리 마음에 희망등불 하나 켜놓고 살아야 해. 어떤 순간에도 희망을 잃지 않기 위해 노력하자. 어두워질 때마다 빛을 발하는 삶을 살도록 하자.

시간을 낭비하지 마라

낭비된 시간은 그저 생존에 지나지 않는다.
사용된 시간만이 생활이다.

에드워드 영

/

July 22

/

한 번 흘러가면 다시는 돌아오지 않는 시간을 낭비하는 쓸모없는 너절한 일들은 털어버리고 꼭 해야 할 일부터 요령 있게 시작하라.
처음에는 손에 잡히는 것이 하나도 없고 멀기만 느껴지고 가물가물거려도 꾸준히 해나가면 안 될 것이 하나도 없다.

시간은 금이라는 말이 있지. 시간은 참으로 소중한 거야. 한 번 흘러간 시간은 돌아올 수 없어. 하루하루 시간을 낭비하지 말고 살자.

가까운 곳에 있는 삶의 의미

의미는 우리가 만드는 것이 아니라, 발견하는 것이다.
그리고 의미를 찾지 않으면 발견할 수 없다.

알렉스 파타코스

July 23

삶의 의미를 분명하게 갖고 내일의 소망을 보며 살아가며 무의미한 일에는 몰두하지 마라.
일을 하고 싶다면 먼저 가까운 데서 자신의 일을 시작해야 한다.
우연히 성공한 사람은 없고 역사도 우연히 이루어지지 않기에 노력하여 당당하게 이루어 나가야 한다.

의미가 있는 삶과 아무런 의미가 없는 삶은 전혀 다른 결과를 만들어 놓을 거야. 의미를 알고 일하는 것과 모르는 것은 다르지.

연극을 보고나서

관리는 사람들이 해야 할 일을 하게 만드는 것이다.

스티븐 R. 코비

/

July 24

/

연극 무대에서 배우들이 실감 나게 연기를 할 때 감탄을 하고 관객들이 박수를 치고 환호를 보낸다.
우리 인생도 무대라면 멋지게 살아 있는 표정으로 살아 박수갈채를 받아야 한다.
인생을 연극처럼 끝내지 말고 인생을 인생답게 살아야 한다.

연극배우들이 박수를 받을 때 행복해 보이지. 그동안 연습하면서 피곤하고 힘들었던 시간도 한순간에 잊어버릴 거야.

대화를 나누며 살자

좋은 친구와 사귐에서는 대화를 배우고 침묵으로 맺어진다.

요한 볼프강 괴테

/

July 25

/

사람들은 이야기를 만들고 이야기를 나누며 살아간다.
때때로 대화를 나누지 못하기 때문에 살맛이 나질 않는 것이다. 사람은 수다를 떨어야 한다.
수다를 떨면 스트레스도 풀리고 정도 간다.
우리들의 이야기를 찾아 우리들의 이야기를 나누며 삶의 풍경을 정겹게 만들며 살아가자.

"우정도 산길과 같아서 서로 오가지 않으면 잡풀만 무성할 것이다"는 말이 있지. 대화를 나누면 인간관계가 더 가까워지는 거야.

의롭고 강하게 살자

명성은 모두 위험하다.
좋은 명성은 시샘을 가져오고 나쁜 명성은 치욕을 가져온다.

T. 플러

/

July 26

/

잘못된 것으로 화려하게 사는 것은 참으로 어리석은 일이다.
모든 면에서 의롭고 강하게 살아야 한다.
갖가지 유혹을 하고 거짓을 요구하고 부정을 원하더라도 의롭고 강하게 살아야 한다.
하늘과 사람들에게 부끄럽지 않다면 그보다 더 훌륭한 삶이 어디에 있겠는가.

삶을 비굴하게 살지 말고 의롭게 살아야 해. 거짓도 버리고 부정도 버리고 진실하게 살아야 해. 거짓으로 화려하게 살기보다는 순수하게 살아야 해.

타인을 위한 삶

진실을 말하는 데에는 두 사람이 필요하다.
한 사람은 말하는 사람이요. 또 한 사람은 듣는 사람이다.

H. D. 도루우

July 27

사람은 자신을 바라보는 시간을 만들어야 하고 남의 이야기를 듣는 시간을 만들어야 한다.
아이들을 위한 시간을 만들어야 하고, 노인들을 위한 시간을 만들어야 한다.
가족들을 위한 시간을 만들어야 하고, 자연을 가까이하는 시간을 만들어야 한다.
독서할 시간을 만들어야 하고 일할 시간을 만들어야 한다.

나를 위한 삶도 중요하지만, 타인을 위한 삶을 살 때 삶은 깊은 뜻을 나타내는 거지. 가족을 위해, 주변 사람들을 위해 시간을 만들어야지.

감사할 수 있는 날

돈은 최고의 인재나 최고의 자질을 자극하지 못한다.
정신과 마음을 사로잡는 것은 믿음과 원칙과 도덕성이다.

디 호크

July 28

살면서 가끔씩 벅차오르고 너무 기뻐서 너무 좋아서 마음껏 소리를 질러도 좋도록 감동이 넘치는 날들이 있어야 한다.
뿌듯함과 벅찬 기쁨 속에 기분이 좋아지고 홀가분해져서 마음껏 즐거워하고 감사할 수 있는 날이 있어야 한다.
감사할 수 있는 마음이 아름답고 축복이다.

삶에서 감사가 빠지면 음식에 양념이 안 들어간 것과 같아. 감사하면서 사는 삶이 진정 삶답게 사는 거야.

절망과 아픔 속에서도

한 발을 한 번 헛디딤은 금방 일어설 수 있으나
한 번 헛나온 말은 아마도 결코 되찾을 수 없을 것이다.

T. 플러

/

July 29

/

절망과 고통의 아픔 속에서도 끈질기게 견디고 이루어내어 스스로 한 일을 보고 자신도 놀라 입안에 맴도는 기쁨을 표현해낼 수 있어야 한다.
고난과 역경 속에서도 기쁨을 마음껏 표현하고 싶어 소리 지르며 웃을 수 있는 즐거움이 있어야 한다.

몸에 장애가 있다면 그 장애를 이겨내야 해. 늘 사는 모습을 감사하면 찬사가 터져 나올 거야. 절망과 아픔 속에서도 꽃을 피우는 거야.

절약 생활을 잘하는 방법

시간을 절약하기 위해 내가 경험에서 얻은 일을
어떻게 하든 시간을 이삼 배로 쓸 수 있게 궁리하는 것이 좋다.

조지 싱

/

July 30

/

돈이나 물건이나 가치 있는 모든 것을 소중하게 여길 줄 알아야 한다.
절약을 생활화하여 허영을 버리고 남에게 폐를 끼치지 않고 언제나 감사하며 즐겁게 살아야 한다.
돈을 쓸 때를 잘 구별하고 쓰며 언제나 만족을 만들며 살아야 한다.

아무리 부유하더라도 낭비를 일삼으면 거지꼴로 전락하게 될 거야. 낭비하지 않고 절약하는 삶이 습관화되는 것이 아주 중요하지.

축제를 열어야 한다

사랑은 늦게 올수록 강렬하다.

푸블리우스 나소 오비디우스

July 31

기쁜 일이 있어 축하해 주고, 감동이 넘치는 일이 있을 때는 감사를 나누기 위해 축제가 멋지게 열려야 한다. 온 세상에 소문이 떠들썩하도록 마음껏 환호하고 박수를 치며 모두가 멋지게 화답할 수 있도록 축제는 열려야 한다. 어려울 때도 축제를 열면 마음이 열린다. 서로를 즐기며 하나가 된다.

축제에 참석하는 것은 기분 좋은 일이지. 오늘도 축하해 줄 일이 있으면 마음껏 축하해 주는 거야.

STaR

August

부서진
별의 조각을
가진 마음

……

8월

……

변하지 않는
순수를
기억하며

희망은 단단하고 질긴 지팡이며 인내는 가방이다.
그들만 있으면 우리는 어떠한 여행길이라도 오를 수 있다.

버트런드 러셀

궁지에 몰릴 때

눈앞에 실패에 좌절하지 않을 수 있는
장기적인 목표를 반드시 가지고 있어야 한다.

찰스 C. 노블

August 01

과신은 바로 보는 눈을 흐리게 하며 육감조차 빗나가 설마 했던 일들을 만나게 한다.
그러나 욕심과 사심을 버리면 솟아오르는 태양을 보듯이 걱정과 근심을 깨끗이 지워버리면 어려움을 이기는 묘미를 맛볼 수 있다.

꿈이 있다는 것은 행복하게 살 수 있다는 거야. 꿈이 행복을 선물해주기 때문이지. 꿈을 갖고 내일을 향해 당당하게 살아가는 거야.

어둠에서 벗어나기

용기는 별로 인도하고, 두려움은 죽음으로 인도한다.

루키우스 안나이우스 세네카

/

August 02

/

어둠은 음모로 가득 차 왕성한 식욕으로 자기 색깔 외에는 용납하지 않는다.
순수함을 던져버리고 모든 것을 자기 욕심대로 끌어당겨 단 하나의 색깔 속으로 침몰시킨다.
힘이 강하고 대단할 것 같지만 나약하고 초라하기만 하다.
빛이 찾아오면 줄행랑을 쳐버린다.

어둠 속에서도 별은 찬란히 빛을 발하고 있지. 어떤 순간에도 빛을 잃어서는 안 돼. 태양이 떠오르면 가득했던 어둠도 사라지잖아.

듣기의 행복

요구할 때 주는 것도 좋지만
요구하지 않아도 알아서 주는 것이 더 좋다.

칼릴 지브란

August 03

상대방의 속마음까지 이해하려면 넓은 마음으로 관심을 가져야 한다.
충분한 시간을 내어 마음의 여유를 갖고 얼굴을 바라보며 몸을 약간 기울여 경청해야 한다. 때론 고개를 끄덕이거나 "응", "그래" 등의 간단한 반응으로 듣고 있음을 알려 주는 것도 좋다.
듣기를 잘하면 다른 사람뿐만 아니라, 자기 자신도 행복하게 한다.

오늘은 가족과 동료의 이야기를 잘 들어주는 하루를 만들어야지. 다들 좋아할 거야. 내 말만 너무 많이 한 것 같아, 남의 이야기를 들어주는 연습을 더 많이 해야지.

잘못된 일이 일어났을 때

인생의 그림자 대부분은 우리가
우리 자신 햇빛 아래 서 있기 때문에 생긴 것이다.

랄프 월도 에머슨

/

August 04

/

잘못된 일이 일어났을 때 무조건 탓하거나 덮어씌우려고 장난치듯 말하지 마라.
'왜 일어났을까' 의구심에 상처를 입히거나 비난을 시작하는 어리석은 행동을 하지 말자.
팔짱을 끼고 방관하며 변명만 일삼거나 피해 의식에 타인의 의중만 살피며 회피하려고 하지 말자.

잘못한 일이 있으면 잘못을 시인하는 것이 인간적이지. 남에게 덮어씌우는 것은 정말 어리석은 일이야. 좀 더 솔직하게 살아야 해.

무책임한 행동을 하지 말자

남들을 크게 도울 기회는 좀처럼 찾아오지 않지만
작은 기회는 일상 속에 널려 있다.

샐리 코흐

August 05

발빼하려는 잔꾀를 부리거나 할 일이 있는데 빈둥거리고 바라는 무책임한 행동을 하지 말자.
변화를 싫어하며 움직이지 않거나 한숨과 불만 속에 삶을 망치지 말자.
선택의 길은 항상 열려 있으니 기진맥진 비틀거리고 힘들더라도 허튼짓, 허튼소리 하지 말고 살자.

옳은 일 옳은 소리 하면서 살기도 어려운 때에 허튼짓을 어떻게 하면서 살까.
진실은 통하기에 오늘도 진실하게 살아야 해.

인간의 고민 세 가지

다들 인류를 바꾸려고만 할 뿐 자신을 바꾸려는 사람은 없다.

레프 니콜라예비치 톨스토이

/

August 06

/

늘 고민하는 것은 "무엇을 먹을까?", "무엇을 입을까?", "무엇을 지킬까?"이다. 즉, 인간은 물질에 대한 욕망과 고민이 있고 사람들로부터 인정을 받고자 한다.
나아가 남을 지배하고 싶어 사람과의 관계에서의 고민이 있으며, 자기 자신에 대한 아주 지극히 당연한 고민이 있다.

세상에는 고민을 하지 않고 살아가는 사람은 없어. 고민을 어떻게 지혜롭게 잘 탈출하느냐가 제일 중요한 거야.

표정을 밝게 하라

진실을 말하는 법을 배우려면 먼저 듣는 법을 배워야 한다.

사무엘 존슨

August 07

우울하고 어두운 사람은 아무에게도 호감을 주지 못한다.
밝고 쾌활하면 사람들이 찾아온다.
웃고 즐겁게 일해도 인생이 짧은데 어둡고 칙칙한 모습으로 한탄하며 지낸다면 불행만이 찾아와 노크를 할 뿐이다.
어두워지는 것은 부정적인 생각과 불길한 마음이 생기기 때문이다.

오늘은 얼굴 표정을 밝게 해야지. 얼굴 표정이 밝아지면 온 세상이 밝아질 거야. 우울할 때는 세상도 어두워지는 거지.

삶의 고뇌를 해결하는 지혜

고뇌 없이 정신적 성장이란 있을 수 없고 인생의 향상도 불가능하다.
고뇌는 생활에 있어서 필요불가결의 유일한 존재다.

랠프 월도 에머슨

/

August 08

/

어떤 난관에 부딪치더라도 반드시 자신의 힘으로 해결할 수 있도록 항상 편안한 마음을 가져라.
초조하거나 긴장하면 판단하기 어렵고 안정된 기분으로 차근히 해결해 나가면 모든 일이 올바르게 정돈된다.
어려운 일일수록 시간을 갖고 임하게 되면 모든 것을 제대로 판단할 수 있게 된다.

삶에는 온갖 어려움이 많지만 살맛 나고 신바람이 날 때도 많지. 그런데 안 좋은 일만 기억하면 따분할 수밖에 없어. 오늘은 좋은 일만 기억하자.

마지막 지하철을 타고 가다

실수는 무경험과 지혜 사이를 잇는 다리다.

필리스 서룩스

August 09

마지막 지하철을 타고 가다 깜박 잠이 들어버렸다.
눈을 떠보니 종점이다.
집으로 가야 할 정거장을 지나쳐 버렸다. 허무하고 허전해졌다.
호주머니에는 돈도 없고 터덜터덜 걸어오면서 씁쓸한 웃음 속에 후회가 막심하지만 웃으면서 걸었다.

가끔씩 갈 길을 지나칠 때가 있지. 때로는 화도 나고 왜 이러지 할 때도 있지만, 금방 기분을 전환하는 게 제일 좋은 방법이야.

분노가 만들어 놓는 것

누군가에게 분노하는 것은 그로 하여금 나의 감정과 나아가서는 삶의 질 전체까지 좌지우지하도록 허용하는 꼴이니 어리석은 일이다.

브라이언 트레이시

/

August 10

/

화를 내면 독물을 조금씩 마시는 것과 같고 뇌 속에서 해로운 물질이 분비되어 건강을 해친다.

화를 내면 노화를 촉진시키고 활성산소는 몸 안으로 들어가 강렬한 노화촉진 인자를 생성시켜 피부에 주름이 생기고 검버섯이 생기는 노화현상이 나타난다.

화를 내고 거울을 보면 얼굴이 엉망이 되는 것을 알 수 있지. 어떤 날은 나이가 더 들어 보이는 것 같았어. 웃고 살아야 항상 젊게 살 수 있어.

흘러가는 세월이 안타까우면

진정한 영광은 우리 자신을 정복하는 데에서 샘솟는다.
그렇지 못하다면 세상의 정복자라도 노예일 뿐이다.

제임스 톰슨

/

August 11

/

흐린 눈망울로 바라보아도 다정하던 눈빛이 가시로 변해 아무 말도 하지 않으려 했다.
남루해져 가는 흔적이 숨도 못 쉬게 하도록 아프면 아플수록 흘러가는 세월이 안타까웠다.
떠나기 전에 발목이라도 붙잡아 놓고 싶어진다.

단 한 번뿐인 삶을 안타까워하며 늘 소중하게 살아야 해. 흘러간 뒤에 후회하지 말고 날마다 소중하게 살아가자.

이웃과 잘 지내기

다른 사람을 다스리고 싶은 사람은 먼저
자신의 주인이 되어야 한다.

필립 매신저

August 12

생판 모르던 사람들도 서로 통성명을 하고, 따뜻한 인사말을 나누고, 악수를 청하면 가까워진다.
웃으며 대화를 나누고, 공감해주고, 고개를 끄덕이고, 덕담 한마디 주고받으면 벽이 허물어지고 친근한 사이가 된다.
이웃과 잘 지내는 사람이 그렇지 못한 사람보다 인생이 아름답고 풍요롭다.

사랑받지 못한 사람들과 용서받지 못한 사람들은 언제나 삶이 불안하지. 용서받고 용서할 줄 아는 사람이 늘 행복한 사람이야.

슬럼프가 찾아올 때

이름 모를 착한 사람이 해놓은 일은 땅속에 숨어 흐르며
남몰래 땅을 푸르게 해주는 수맥과도 같다.

토머스 칼라일

/

August 13

/

슬럼프가 찾아올 때가 있다.
위기가 없이는 아무런 발전도 없다.
위기 앞에 포기하면 최악이지만, 위기를 자신 변화의 기회로 삼고 내게 주어진 환경을 잘 안다면 위기는 나 자신을 알아보는 시간이다.
시련이나 역경을 부정적으로 보면 저주가 되고 긍정적으로 보면 축복이 된다.

갑자기 잘 나가다가 일이 잘 안 되고 꼬일 때가 있을 거야. 그때 그 언덕을 넘어가기 위해 힘을 길러야 해.

갈 곳이 없다

바보는 방황하고, 현명한 사람은 여행한다.

T. 풀러

/

August 14

/

외로움이 메말라 까칠하고 그리움이 쩍쩍 갈라져 가슴이 멍이 드는데 갈 곳이 없다.

홀로 서럽고 외로운 외톨이가 되어 버렸다.

서러움이 겹겹이 박혀 이끄는 대로 가고 싶은데 불러도 올 사람이 하나 없다.

세상은 모두 길로 연결되어 있어. 스스로 감옥을 만들어 살 필요는 없는 거야. 넓은 세상 넓은 마음으로 살아가야 해.

고통에는 뜻이 있다

고통을 무서워하는 자는 이미 그가 두려워하는 것
때문에 고통을 받고 있는 자다.

미셸 에켐 몽테뉴

August 15

고통 속에는 뜻이 있다.
우연히 던져진 상황일 수는 없다.
남이 하고 있는 것을 구경만 하면서 부러워하거나 좋아하지만 말고 해야 할 일 속으로 뛰어들어야 한다.
생각을 '할 수 없다'가 아니라, '할 수 있다'로 가져야 한다. 그러면 할 수 있는 사람이 된다.

편안하게만 살려고 한다면 큰일을 못하는 거야. 쉬운 방법만 찾으면 돌아오는 것도 작은 거야. 큰마음으로 고통을 이겨내며 살아가자.

옷을 입으며

말만 하고 행동하지 않는 사람은 잡초로 가득 찬 정원과 같다.

J. 하우얼

/

August 16

/

일할 때 입는 옷은 화려한 옷보다는 편안 옷이 좋다.
색깔이 지나치게 화려하거나 장식이 너무 많으면 입는 사람도 보는 사람도 불편할 뿐이다.
가장 보편적이고 실용적인 옷을 입어야 자신에게도 편하고 남이 보아도 좋은 옷이다.

옷도 모두다 성격에 따라 취향이 있지만, 편안하게 입는 옷이 제일 좋지. 일류 멋쟁이보다 편안하게 입는 것이 더 좋아 보여.

마음의 정원을 만들어라

총명한 인내심으로 초록의 언어를 배워라.

로제 아우슬랜더

/

August 17

/

정원은 자연이 쉼 쉬는 곳이다.

꽃과 나무가 있고 벌과 나비가 찾아온다.

자연을 만나는 장소에서 마음의 정원 속을 걸어보는 것도 좋다. 사시사철 아름다움을 보여 주는 정원처럼 마음의 정원에 꽃들이 만발하고 열매가 가득 열리기를 바란다.

마음은 어떻게 만들어 가느냐에 따라 모습이 달라지지. 우울하게 만들면 우울해지고, 기쁘게 만들면 기쁘고, 오늘 우리의 마음에 맑은 햇살이 가득하면 좋을 거야.

주어진 일에 최고가 되라

성공의 비결은 어떤 직업을 가지고 있든 간에
그 분야에서 제 일인 자가 되려고 하는 데 있다.

데일 카네기

/

August 18

/

세상살이는 우리의 마음을 괴롭히는 갖가지 일들로 가득 차 있어 결코 쉽지만은 않다.
어떤 사람은 쌓이는 원통함, 패배감, 실망 속에 자신도 구할 길이 없는 절망감을 안고서 살아간다.
그 상황에서도 주어진 일을 흔들림이 없이 이루어갈 때 성공을 만날 수 있다.

삶에는 순간순간 어려움이 다가오지. 그러나 우리가 하는 일이 정당한 일이라면 다가오는 고난도 쓸모없는 것은 아니야. 힘을 내서 살아가야 해.

해바라기처럼 살자

나는 단풍나무를 다시 찾을 것이다.
그리고 언젠가 내 생명이 끝나는 날 나는 그에게 물을 것이다.
단풍나무 어디 갔었는가.

이나 자이델

/

August 19

/

해바라기는 피어 있는 날 동안에는 마음껏 해맑게 웃으며 아무런 꺼림 없이 산다. 비가 오고 세찬 바람이 불어도 늘 그 모습 그대로 항상 웃고 산다.
해바라기가 늘 행복한 웃음을 웃는 가장 중요한 이유는 아무런 불평을 하지 않기 때문이다.

해바라기는 누가 보고 싶어서 자꾸만 고개를 내밀까. 참 신기하지. 해바라기처럼 행복하게 웃으며 살아야지. 웃으면 복이 온다고 하잖아.

정상에 서본 사람

정상으로 가는 길은 거칠고 험하다.

루키우스 안나이우스 세네카

/

August 20

/

골칫거리라 생각하며 고민하기보다는 행동으로 옮겨야 한다.
불평은 무언가 부족을 느낄 때 찾아온다.
불평과 걱정을 줄이고 일정이 빡빡해도 여유를 가져야 한다.
아무리 좋은 목표가 있어도 물거품이 되고 심각한 위기를 만날 수 있다.
이 모든 것을 감내하고 정상에 섰을 때 그 기쁨을 알 수 있다.

올림픽에서 메달을 딴 선수들의 표정을 보면 가슴이 찡하게 감동을 주지. 삶은 노력한 대가를 늘 돌려주는 거야.

강에게 배워라

당신이 만약 항상 분노하거나 불평하고 있다면
사람들은 당신에게 시간을 내어주지 않을 것이다.

스티븐 W. 호킹

/

August 21

/

우리는 강에서 어떤 진실을 배우는가?
강은 바다를 찾는 자신의 목표를 잊지 않고 절대로 포기하지 않는다.
자신을 기다리고 있는 바다를 찾아 오늘도 흐르는 강물의 막강한 힘을 아무도 막을 수 없다.
앞에 있는 역경과 고난을 이겨 결국 강물은 바다를 만난다.

강물은 쉬지 않고 흐르기에 살아 있는 거야. 행복도 그냥 만들어지는 것은 아니야. 오늘도 행복을 만들어 나누어주자.

필요 없는 것은 버려라

우리는 우리의 현 위치를 알고 있다.
그러나 우리가 앞으로 어떤 사람이 될 것인지를 모르고 있다.

윌리엄 셰익스피어

August 22

버릴 건 버리고 취할 건 취할 줄 아는 지혜가 필요하다.
쓸데없는 것들을 잔뜩 끌어안으면 스스로 볼품없는 쓰레기통이 되고 만다.
버릴 것은 과감하게 버리고 취할 것은 취해야 한다.
마음속 쓰레기도 내버려두지 말고 필요 없는 것은 버려야 한다.

방을 잘 치우지 않으면 잠을 자도 쓰레기통에서 자는 기분이지. 청결하게 사는 사람이 마음도 청결하겠지!

힘을 내어라

희망은 단단하고 질긴 지팡이며 인내는 가방이다.
그들만 있으면 우리는 어떠한 여행길이라도 오를 수 있다.

버트런드 러셀

August 23

힘을 내고 용기를 내어라.
나약함에서 빨리 벗어나고 끈기가 부족함에서 벗어나야 한다.
사진을 찍어 놓은 바다는 파도치지 않고, 그려놓은 바다도 파도치지 않는다.
살아가는 것은 숨만 쉬는 것이 아니라, 심장이 뛰도록 사는 것이다.

빗방울 하나는 아무것도 아니지만, 빗방울이 모이면 시냇물이 되고, 시냇물이 모이면 강물이 되고, 강물이 모이면 바다가 되는 거야.

어려움을 당할 때

어리석은 사람은 멀리서 행복을 찾지만,
현명한 사람은 자기 발치에서 행복을 키운다.

제임스 오펜하임

/

August 24

/

상처를 입어 어려움이 있을 때 마음의 움직임을 알 수 있다.
피해를 입었을 때 겸손이 얼마나 중요한지 알게 된다.
고민은 우리의 용맹성을 시험하고 유혹은 우리의 저력을 시험한다.
우정은 우리의 의리를 시험하고 실패는 우리의 끈기를 시험한다.

다른 사람의 실수에 사랑의 외투 입혀줄 수 있는 여유가 있다면 얼마나 좋을까.
오늘은 사랑하는 마음을 더 크게 갖고 살아야지.

메모를 하는 것은

떠나보내야 하는 과거보다 더 아쉽고 소중한 것은 없다.

제사민 웨스트

August 25

메모를 하는 것은 매우 중요한 일이다.
새로운 발상이 떠오르거나 꼭 가슴에 남겨두고 싶은 일들을 적어놓으면 많은 도움이 된다.
일정을 쓰고 약속을 적는 메모하는 습관을 잘 들이며 실수를 줄이고 삶에 균형이 잡히게 하면 모든 준비를 꼼꼼하게 더 잘할 수 있다.

인생이 짧다는 것을 뼈저리게 느껴야 해. 우물쭈물하다가는 기회가 사라질 수 있는 거야. 안일함에 빠지지 않기 위해 생각하고 메모하는 습관을 가져야지.

지루하게 변명하지 마라

우리 모두는 벌레다. 나는 빛나는 벌레, 반딧불이다.

윈스턴 처칠

/

August 26

/

괴로움에 파묻혀 상처가 깊을수록 떠나기보다는 살고 싶은 충동을 가져야 한다.
거부당해 떠날 때 얼마나 비참한가를 알아야 한다.
너무 어리석어 자기 잘못도 잘 모르고 지루한 변명을 늘어놓으면 스스로 기진맥진하게 된다.

현실에 충실하지 않으면 미래는 없는 거야. 다른 사람이 신뢰하게 만드는 것이 중요하지. 용기를 내어 소리를 질러봐! "나는 할 수 있다."

기다리고 인내하라

인내하는 데서만 성공을 거둘 수 있다. 오랫동안 큰소리로
문을 계속 두드리면 꼭 누군가가 문을 열어줄 것이다.

헨리 워즈워스 롱펠로

August 27

인내란 모든 경쟁에서 이길 수 있게 한다.
시간과 감정을 적으로 만들지 말고 기다려주고 활동하고
인내하면 기다리던 날들이 찾아오게 마련이다.
기다림이 지루하다고 내일을 당장 오늘로 만들 수 있는 방법은 없다. 시간과의 싸움에서 이겨내는 사람이 최후의 승자가 되어 웃는다.

사랑하는 사람을 기다리듯 즐겁게 살면 내일은 나에게 섭섭하지 않게 만들어 줄 거야! 힘을 내서 열심히 살아야 해!

기회를 만들어라

언제나 사랑하고 있는 사람은 불평을 늘어놓거나
불행에 빠지거나 할 겨를이 없다.

장 주베르

/

August 28

/

맛있는 음식을 먹으려면 음식점을 찾아가거나 스스로 만들어야 한다.
오늘을 성실하게 살아간다면 내일은 더 좋은 기회가 분명히 찾아오는 법이다.
자신에게 다가온 기회를 꼭 붙잡고 한 단계 더 높여 나아가며 찾아오는 것들을 반갑게 맞이해야 한다.

구두를 수선하는 사람의 눈에는 구두가 가장 먼저 보이지. 요즘 눈에 가장 많이 보이는 것이 무엇일까? 오늘 눈에 보이는 것들이 내일을 만들어줄 수도 있지!

삶을 확 바꾸려면

자선은 유일하게 안전한 기본투자다.

헨리 데이비드 소로우

/

August 29

/

삶을 확 바꾸려면 생각부터 바꾸고 남의 불행을 즐거워하지 않고 짜증과 원망을 뽑으면 확 달라진다.

두통도 사라지고, 기분이 좋아지고, 건강이 회복되고, 행복에 눈을 뜨게 되고, 행동이 변하기 시작한다.

선하게 대하면 깔끔하게 살 수 있다.

오늘은 부드럽게 사는 거야. 부드럽게 걷는 사람이 오래 걷는다고 하잖아. 말씨도 부드럽게, 일도 부드럽게 하는 거야.

절망에서 일어서라

겁쟁이의 공포는 그를 용감하게 만들어 준다.

오웬 펠담

/

August 30

/

절망 앞에 서면 앞과 뒤가 깜깜하고 온몸이 떨리고 의욕이 사라지고 겁이 난다.

얼굴에는 눈물과 콧물 자국이 남아 있고 뼈는 시리고 마음은 가시덤불 속을 헤매는 것만 같다.

깊은 수렁에 빠진 듯 빛이 사라지고 어둡다.

어둠에서 한 줄기의 빛을 보면 앞은 점점 밝아진다.

자신을 싸구려 취급하는 사람은 다른 사람에게도 싸구려 취급을 받게 되어 있어. 자신의 가치는 스스로 만들어 가는 거야.

잘되는 일이 없을 때

성공하려면 바보처럼 나타나서 영리하게 활동해야 한다.

샤를 루이 몽테스키외

/

August 31

/

손에 잡히는 것이 하나도 없도록 확실하던 것들도 가물거리고 하잘 것 없는 것조차 놓쳐버린 처참함에 머리통마저 폐허가 된 듯하다.
오래도록 가꾸고 지켜온 삶이 갑자기 어두워질 때 강한 억눌림 속에 걱정과 근심만 끈적끈적 달라붙었다.
이때 모든 것을 내려놓고 진리의 지혜로 하나씩 풀어가면 묶였던 매듭이 풀리기 시작한다.

고난의 터널을 지혜롭게 통과해야지. 세상의 모든 일은 저마다 값을 치러야 해.
실패는 성공으로 가는 고속도로라는 것을 잊지 말자.

Harvest

September

온 산과 들이
주렁주렁

……

자신들의
수고와 인내를
자랑하고 있다

……

9월

……

무얼하고
어디로 가고
있는가

모든 사람에게 예절 바르고, 많은 사람에게 붙임성 있고,
몇 사람에게 친밀하고, 한 사람에게 벗이 되고,
아무에게도 적이 되지 마라.

벤저민 프랭클린

직업에 자부심을 가져라

성공은 멋진 물감으로 모든 추악함을 감춘다.

존 사크링

September 01

자신이 하고 있는 일에 대해 떳떳하게 생각하고 행동하는 자부심을 갖는 것이 중요하다.
강하고 담대한 자부심을 갖고 도전하는 사람은 용기가 있다.
자신이 하고 있는 일에 확신이 있고 자신의 직업에 자부심을 갖게 될 때 힘과 능력을 나타낼 수 있다.

사람은 은근히 자기를 인정해 주면 좋아하잖아. 자기를 바라보고 자기 말을 들어주기를 바라는 거야. 오늘은 누군가를 인정해 주고 들어주는 날이 되면 어떨까?

성공을 위한 공식

성공의 그늘에서 오랫동안 머물러서는 안 된다.

사마천

/

September 02

/

고뇌하며 부족함을 느끼면 나약한 모습만 보인다.
패배하고 싶으면 과거에 매달려 지나간 세월만 보라.
혼란해지고 싶으면 늘 방해하고 괴롭히는 주변만 살펴 보라.
겁을 먹고 싶으면 알 수 없는 곳을 보고 성공하고 싶으면 희망의 내일을 보라.

사랑하는 사람은 저마다 아름다운 표현을 하지. 기다려주고, 함께 해주고, 나누어주고…… 이 지상에 있는 것으로 다 표현할 수 없지만, 표현하며 살자!

자부심을 가져라

작은 일에 지나치게 개입하는 사람은 큰일을 이루기 어렵다.

벨타라 로슈푸코

September 03

자부심은 확실한 힘이고 자신감이다.
확신과 자부심을 갖고 일을 한다면 실패는 없을 것이다.
자부심을 갖고 자신의 일에 집중해 나간다면 성공을 향한 가장 큰 힘을 발휘하게 된다.
바로 이 순간 최선을 다하는 것이다.

무관심은 비극을 만들어 놓는 거야. 사랑할 줄 안다면 자신의 삶에도 책임을 질 줄 알아야 정말 멋진 사람이지!

적극적으로 자신을 표현하라

기회가 두 번씩이나 방문을 두드릴 것이라고는 생각하지 마라.

니콜라 세바스찬 샹폴

/

September 04

/

자신에 대한 인식을 올바르게 갖고 적극적으로 자신을 평가하도록 하라.
자신을 컨트롤하며 부여하도록 하라.
큰 기대를 걸고 자기 이미지를 갖도록 하라.
확실한 목표를 설정하고 적극적으로 자신을 훈련하도록 하라.
올바른 인생관을 갖고 적극적으로 자신을 표현하라.

삶은 환상이 아니라 현실이지. 충분한 나눔과 표현 속에 거짓 없는 사랑이 꽃피는 거야.

일을 순서대로 하라

기회라는 것은 처음에는 하나의 위기로서 오게 된다.

소오바

September 05

사람도 아기로 태어나 어린이가 되고, 청년이 되고, 중년과 노인이 되듯이 일도 순서대로 해야 한다.
모든 것이 절차와 순서대로 하지 않으면 아무것도 하지 못하는 무능력자가 되고 만다.
삶도 일도 순서대로 해야 한다.

오늘 시간을 내어 일을 순서대로 하고 있나 한번 생각해 보는 거야. 순서와 절차가 잘못되어 있으면 고쳐서 지혜롭게 살자.

위로받을 수 없는 고통

과거의 기억에 너에게 기쁨을 줄 때에만 과거에 대해서 생각하라.

제인 오스틴

/

September 06

/

한숨에 갇혀 구겨지고 상처 난 아픔의 파편들이 마구 찌를 때 고통을 어떻게 이겨낼 수 있을까?
통한의 세월 동안 흐느낌으로 참았던 아픔이 피를 토할 만큼 살아 퍼덕이는 고통을 위장하기 위해 웃으며 보낸 날들이 위로받을 수 없는 고통으로 남는다.

꽃을 보고 사랑하는 마음이 생기지 않는다면 참 미련한 사람이지. 꽃은 사랑하는 마음을 주지. 오늘 사랑하는 사람에게 꽃을 선물하면 좋겠지.

자신의 색깔을 나타내라

속을 먹으려 하는 자는 껍질을 깨야 한다.

티투스 마치우스 플라우투스

September 07

바닷물은 짜야 고기들이 살고 소금이 생산될 수 있다.
나무들의 색깔은 초록이어야 푸르고 생기가 돌아 자란다.
나뭇잎이, 풀잎이, 꽃잎이, 검은색이라면 모두 다 절망하고 말았을 것이다.
삶도 자기의 색깔이 분명해야 자신을 올바르고 아름답게 표현할 수 있다.

과일은 과일 맛이 나야 하고 자장면과 짬뽕도 자기의 맛을 내야 좋은 거지. 사람도 사람답게 살아가야 삶을 삶답게 사는 거야.

욕심을 내지 마라

겸손한 자만이 다스릴 것이요, 애써 일하는 자만이 가질 것이다.

랠프 월도 에머슨

/

September 08

/

눈동자가 힘을 잃고 방향을 잃은 나침판이 되어 온갖 생각으로 헝클어질 때도 홀로 앓지는 말아야 한다.

괴로움 탓에 고통이 번져 나가고 몰골마저 까맣게 타들어가도 허기증에 시달려 빈틈만 채우려고 발버둥치며 욕심내며 살지 말아야 한다.

오늘은 행복한 기대감을 갖고 살아야지. 오늘은 무언가 좋은 일이 다가올 것 같다는 생각이 들어. 오늘 하루 무지하게 행복할 거야.

양보하는 마음

시련 속에서의 침착한 용기는 성공을 확보하는 데에 군대보다 낫다.

존 드라이든

September 09

아픔이 기쁨을 갈라놓을 때, 손해 볼 것 같아 속이 부글부글 끓어오를 때 생 때만 부리지 말고 바로 보고 바로 알아 깨달아야 한다.
욕심이 늘 불행을 일으킨다. 조금만 양보하면 삶이 달라진다는 진실을 깨닫고 살아야 한다.
이 양보하는 마음은 인격을 완성하는 양식이다.

무인도에 살지 않는다면 사람들과 만나며 살아야 해. 어쩌면 스쳐 지나가도 향기가 있는 사람이 좋지. 모두 다 그런 사람이 되는 세상이 되면 좋겠어!

아름다운 인연 만들기

싫어하는 일에서 성공하느니 좋아하는 일에서 실패하는 편이 낫다.

조지 번스

/

September 10

/

수많은 사람과 다양한 사람들과 만나고 헤어지면서 기쁨과 슬픔, 분노와 즐거움이 뒤섞여 나타난다.

우리 모두는 삶을 진실하고 정직한 마음으로 당당하게 살아가며 아름답게 꾸며 줄 좋은 인연을 맺고 싶어 한다.

말을 하지 않아도 그 느낌만으로도 향기가 전해오는 맑은 호수 같은 인연을 만들고 싶어 한다.

그 향기나는 인연을 만들자.

평범한 사람들의 마음이 더 아름답고 편안하지. 서로가 마음과 마음으로 다가가면 좋아. 욕심이 없으면 더 가까이 다가갈 수 있어.

인간관계의 지혜

바보는 때때로 어려운 것을 쉽게 생각해서 실패하고,
현명한 자는 때때로 쉬운 것을 어렵게 생각해서 실패한다.

짐 C. 콜린스

September 11

자신의 마음을 열지 않고는 남의 문을 열 수 없다.
타인의 경계심을 풀게 하려면 먼저 자신의 문을 활짝 열어야 한다.
예의라는 것은 세상 사람이면 누구나 갖추어야 할 것이다.
사람들에게 호감을 사려면 한 번 약속한 일은 반드시 지켜야 한다.

마음을 열고 살면 복이 찾아오지. 복과 행운이 노크하고 찾아오지는 않아. 마음이 열린 사람들에게 찾아오는 거야.

무지하게 쓸쓸한 날

너 자신을 도우면 하늘은 너를 도울 것이다.

장 드 퐁텐

/

September 12

/

무지하게 쓸쓸한 날 외로움이 물씬 배어 있을 때 불쑥 나타나 만나면 무척 반가울 것이다.
더디게 지우다가 먼지 가득 낀 기억에 그리움의 온기를 모아 놓는다.
사랑의 독이 온몸에 퍼져 그리움도 쑥쑥 잘 자란다.

핸드폰을 들어도 전화도 문자도 보낼 곳이 없는 날이 있지. 세상에 이렇게 만날 사람이 없나. 그러니까 전화가 오면 다정하게 잘 받아줘야지.

따뜻한 정을 느낄 때

다른 사람의 환경은 우리에게 좋아 보이고
우리 환경은 다른 사람에게 좋아 보인다.

푸블리우스 시루스

September 13

살다 보면 정이 그립다.
내 마음 간질이며 이파리 돋우는 그리움을 연으로 띄우고 싶다.
그칠 줄 모르는 기다림 속에 묶인 듯 죽치고 기다리고 있으면 따뜻한 정을 쏙 넣어줄까?

정이란 참 따뜻하고 좋은 거야. 정을 주고받으면 외로움도 사라지고 말지. 말 한마디나 눈빛 만으로도 정을 표현할 수 있지!

꽃 이야기를 들어보라

태양은 더러운 곳을 뚫고 지나가도
그 자신은 이전처럼 순수한 채로 남는다.

프랜시스 베이컨

/

September 14

/

가끔씩 시간을 내어 산책하다가 우연히 만나게 되는 작은 풀꽃과 이야기를 나누어 보라.
작은 꽃들과 이야기를 하려면 마음의 단추를 풀고 신실하고 정겹게 다가가야 한다.
가까이 더 가까이 가서 말을 해야 그들이 들려주는 이야기를 들을 수 있다.

이 세상에는 꽃 종류가 얼마나 많은지 몰라. 꽃들도 저마다 하고픈 말이 있을 거야. 오늘은 꽃들의 사랑 이야기를 들어주면 어떨까?

상대를 변화시키는 지혜

가장 진실한 지혜는 사랑하는 마음이다.

찰스 디킨스

September 15

타인의 마음을 움직이려고 한다면 그 사람의 마음을 정확하게 알아볼 수 있어야 한다.
대답을 하기 쉬운 것부터 시작해서 차근차근하게 말할 수 있도록 대화를 유도할 줄 알아야 한다.
상대방을 함부로 비판하려 하지 말고 잘 받아주어야 한다.
상대방의 꿈에 대해 관심을 가지고 필요를 채워주어야 한다.

다른 사람을 변화시키는 것은 진실이지. 진실은 가지 못하는 길이 없어. 진실은 모든 것을 대답해주는 진심이지.

인내심

인내심을 가져라. 그러면 뽕나무 잎이 비단 같이 될 것이다.

스페인 속담

/

September 16

/

성공은 인내심을 갖고 이루어가야지 하루아침에 뚝딱 만들 수 있는 것이 아니다.
씨앗이 나무가 되어 열매를 맺을 때까지 기다릴 줄 아는 사람이 성공한다.
성공의 문에 들어서기까지는 길고 어두운 밤을 지내야만 한다. 그 어두운 밤을 무사히 건널 수 있어야 성공의 아침에 도달할 수 있다.

태풍이 올 때면 작은 배들은 묶어 놓아야 안전하듯, 유혹과 시련이 올 때도 스스로 대견하다고 생각할 수 있게 잘 견디어야 해.

탐욕을 버려라

당신의 마음의 정원에 인내를 심으라.
그 뿌리는 써도 그 열매는 달다.

존 오스틴

September 17

삶을 욕망의 노예로 만들면 초점이 흔들려 판단이 흐려지고 생활이 진흙탕이 되고 만다.
가야 할 길에서 탈선하지 않고 넘어가지 않으려면 선을 넘지 말아야 한다.
순간의 쾌락에 붙잡히면 남는 것은 후회와 냉소뿐이니 욕망 속에 살지 말고 진실과 친구가 되라.

우리가 무엇을 바라고 있는가는 중요하지. 협력해 나가야 인정을 받고 이해와 조화를 이룰 수 있는 거야.

성공 노트를 펼쳐라

인생의 큰 목적은 지식이 아니라 행동이다.

토마스 헨리 헉슬리

/

September 18

/

자신의 마음속에 있는 성공 노트를 펼치고 내일 이루고 싶은 일들을 하나씩 적어 나가보라.
노트에 써놓을 것이 구체적이고 많을수록 세월이 지나가면 성취되는 것을 볼 수 있다.
눈앞에 흐르는 시냇물도 멈추지 않고 흘러가야 강물이 되고 거대한 바다가 된다.

미래를 준비하지 않으면 다가오는 날들이 우리에게 선물을 줄 것이 하나도 없을 수도 있어. 오늘은 노트에 내일 하고 싶은 것들을 적어보는 거야.

친구가 필요하다

한 친구를 얻는 데는 오래 걸리지만 잃는 데는 잠깐이다.

존 릴리

September 19

친구가 있다는 것은 참 행복하고 즐거운 일이다.
친구 사이는 깊은 이해가 필요하고 '나'와 '친구'는 각각 떨어지는 것이 아니라 함께하는 것이다.
친구는 서로를 필요로 해야 하고 성공하려면 '믿음'과 '미래'와 '친구' 이 세 가지가 꼭 필요하다.

지금 전화를 걸어 "보고 싶다"고 하면 달려올 친구가 몇 명일까? 깊은 우정을 맺고 살아야 몇 명이라도 달려올 거야.

과거를 던져버려라

눈물 젖은 빵을 먹어보지 않은 사람은 인생의 참맛을 모른다.

요한 볼프강 괴테

/

September 20

/

흘러가는 물이 물레방아를 돌리지 못한다.

오늘은 어제 죽어간 사람이 그토록 살기 원했던 내일이다.

오늘은 우리가 살아야 할 삶의 마지막 남은 날의 첫날이다.

과거를 던져버려라.

과거야! 절망아! 근심아 가라.

가서 다시는 돌아오지 마라.

오늘은 시간 날 때 세수 한번 더 하면서 마음의 찌든 것들을 흘러 내보내야겠어. 잘 살아가야지 너무나 소중한 삶인데.

일상의 반복을 이겨내라

일은 지루함과 나쁜 생각, 그리고 가난이 멀어지게 만든다.

앙드레 모루아

September 21

잘못 생각하면 삶은 날마다 똑같다.
똑같은 아침에 일어나서 똑같이 할 일을 하고 똑같이 밥을 먹고 사람을 만나야 한다.
내일에 대한 비전이 없고 내일을 향한 도전이 없다면 날마다 그날그날처럼 다가온다.
삶에 변화를 일으켜야 날마다 새롭다.

좋은 옷을 입는다고 행복한 것은 아니지. 많은 것을 가져도 행복한 것은 아니지. 가장 중요한 것은 어떤 모습으로 사느냐 하는 거야.

늘 부대끼며 쫓기며 살아도

제한하기 어려운 것들을 순서대로 정리하면 술, 여자, 노래다.

프랭클린 피어스 아덤스

/

September 22

/

늘 부대끼며 쫓기며 살아도 한바탕 너털웃음 호탕하게 웃을 수 있다면 얼마나 행복한 일인가.
햇빛이 어둠을 씻어 내리는 아침이 오면 삶의 거친 물결도 잔잔하게 된다.
산다는 것은 앞서 가며 뒤따라가며 복닥거리며 사는 맛을 느껴야 한다.

염려와 불안은 주위 환경에서 오기 전에 내 마음에서부터 생겨나는 거야. 제일 먼저 지킬 것은 마음이야. 잘 알았지.

싸늘한 눈빛을 보내도

대부분의 사람은 부를 얻으면
그동안의 악을 소멸시키기 위해 노력하는 것이 아니라
더욱 큰 악을 저지르려고 노력한다.

에피쿠로스

September 23

싸늘한 눈빛을 보내도 싹 베인 가슴에 피가 뚝뚝 떨어져
이 궁리 저 궁리 해 보아도 결국에 허탈만 남는다.
뭔가 될 것 같고 뭔가 잡힌 것 같아도 구슬프게 짜놓은
눈물만 흐른다.
이리 틀어막고 저리 틀어막으며 살아도 구정물이 흐르는
더러운 인생이 아니면 좋다.

몸만을 위해 살아간다면 매우 불완전하고 만족도 주지 못하는 거야. 많은 사람에게 실망과 절망의 그늘이 덮이게 할 뿐이지. 시간의 여유와 생각을 갖자.

땀 흘려 거둔 열매의 기쁨

미래에 대해 고민하지 마라. 필요하다면
현재의 도움이 되는 지성의 칼로 최선을 다 해서 미래에 맞서라.

마르쿠스 아우렐리우스

/

September 24

/

감자를 캘 때 호미로 캐면 즐거움이 따른다.
굵은 감자의 얼굴을 보면 참 신기하고 기분이 아주 좋아진다.
넓은 밭에서 주렁주렁 거두어지는 감자를 보면 바로 이 맛에 농사를 짓는구나 하는 생각에 신명이 절로 난다.
미래에 어떤 열매가 있어 나를 기쁘게 할까?

씨 뿌리고 거두는 기쁨이 있기에 농사를 짓는 거지. 힘들고 고달프더라도 씨 뿌리고 가꾸면 미래에 열매가 있을 거야!

시원한 생수의 맛

기회는 어디에나 있다. 낚싯대를 던져놓고 항상 준비 태세를 갖춰라.
아무것도 없을 것처럼 보이는 곳이라도 언제나 고기는 있다.

푸블리우스 나소 오비디우스

/

September 25

/

목이 마를 때 마시는 시원한 생수의 맛처럼 모든 일을 시원하고 깔끔하게 할 수 있는 것도 사는 기술이다.
관계에서 오는 우정도 사막에서 만나는 오아시스처럼 삶에서 지치고 갈증을 느낄때 시원한 생수와 같다.
맺고 끊기를 잘하고 머무르고 떠날 때를 잘 정하고 참고 견딜 수 있는 마음이라면 생수처럼 시원하게 살 수 있다.

우리는 흘러간 세월을 다시 생각해 볼 수 있지. 그것은 반성이라는 거야. "무엇을 잃었으며, 무엇을 얻었는가?" 질문을 던지는 거야.

고통 속에서

사람의 일생에 대해서 또는
그의 운명 전체에 대해서 결정하는 것은 순간이다.

요한 볼프강 괴테

/

September 26

/

고통 속에서도 포기하기 싫어 잘못이 있는 줄 알면서도 눈 질근 감게 되면 큰 실수로 남는다.
늘 조바심을 내면 일이 엉클어지고 그에 따른 고통이 오래간다.
인생의 여행길에서 자신을 괴롭히는 작은 모래알을 빼내어야 여행이 순탄할 수 있다.

여행자의 길을 괴롭히는 것은 높은 산과 깊은 계곡보다도 신발 속의 작은 모래라고 하지. 높은 산은 돌아갈 수 있지만 모래알부터 빼야 해.

지켜보는 자들의 눈빛

사람 앞에 무슨 일이 생길 것인가 묻지 마라!
오로지 전진하라. 그리고 대담하게 부딪쳐라.

오토 에두아르트 비스마르크

September 27

지켜보는 눈빛들을 보며 서러운 것들을 기록하기 싫어
나조차 볼 수 없도록 까맣게 지워버렸다.
씁쓸한 표정을 보여 주기 싫어 그 자리를 떠나 버렸다.
조롱하듯 비웃듯 지켜보는 자들이 바라보는 눈빛은 어둠
속에서 더 강하지만 절망 속에서도 강하다.
그래도 대담하게 전진하고 부딪쳐라.

오늘은 마음과 마음을 나눌 수 있는 사람, 사랑과 진실을 나눌 수 있는 사람을 만나는 날이 되었으면 좋겠다.

자신을 수련하라

세월은 누구에게나 평등하게 주어진 자본금이다.
이 자본을 잘 이용하는 사람에게는 승리가 있다.

아뷰난드

/

September 28

/

현실을 읽는 눈을 가지려면 수련의 시간을 가져야 한다. 생각할 시간을 갖고 마음의 샘에서 진실을 퍼낼 수 있는 시간을 가져야 한다.
수련을 통해 몸과 마음을 단련하여 인성을 연마해 냉정하게 판단하는 힘을 만들어야 한다.

심히 힘들고 고통스럽고 모든 운명이 나를 버린 것 같은 때에도 아직 남아 있는 것이 있지. 그것은 맨 밑바닥에 있는 소망이야.

깡을 가져라

치밀하고 합리적인 계획은 성공하지만
어떤 느낌이나 불쑥 떠오르는 생각에 의한 행동은 실패하는 경우가 많다.
큰 목표일수록 잘게 썰어라.

디오도어 루빈

September 29

깡이란 깡다구의 준말이다. 악착스럽게 버티는 억지와 오기로 버티어 밀고 나가는 힘을 말한다.
폼생폼사는 아무 소용이 없다. 폼이 아니라 무엇이든지 해낼 수 있는 깡이 필요하다.
깡이 있다면 무엇이든지 할 수 있고 눈물 속에 피어난 웃음꽃이 정말 더 아름답다!

주변 사람들 중에도 직장에 다니든지, 사업하든지, 장사하든지 늘 꾸준히 하는 사람들이 잘 살더군. 모두다 언제나 변함없는 마음으로 일하는 사람들이야.

달력을 바라보며

신뢰는 많은 용기를 주고 약속을 지키게 해준다.
신뢰는 얻는 데는 오랜 시간이 걸리지만 하루아침에 잃을 수도 있다.

맥스 데프리

/

September 30

/

열두 장 달력 하루하루, 한 달 한 달, 일 년 열두 달 속에 희망과 행복이 가득하게 열매를 맺어야 한다.
찾아오는 계절마다 살아가는 모든 날 동안에 언제나 기억해도 좋은 시간들이 점점 더 많아져야 한다.

남을 신뢰해주면 나도 신뢰를 받을 수 있는 거야. 불신은 불신을 낳고 신뢰는 신뢰를 낳는 거야. 오늘도 신뢰받을 수 있는 삶을 살아가는 거야.

BEGIN
AGAIN

UNDERSTANDING

October

이해라는건
까맣게 칠해진
내 마음 한구석에

……

하얀 페인트통 하나
놓일 자리를 만드는 것

……

10월

……

고통하며
연민하는
모든 아픈 것을
어루만지며

무덤가에서 흘리는 가장 슬픈 눈물은
미처 하지 못한 말과 행동 때문에 흘리는 눈물이다.

해리엇 비처 스토

포옹하는 기쁨

믿음은 안개를 뚫어보는 레이더와 같다.
인간의 눈으로 볼 수 없는 먼 곳의 현실을 본다.

코리 텐 붐

October 01

사랑하는 이들의 따뜻한 포옹은 상처받은 마음을 낫게 해준다.
사랑스러운 포옹은 편안함을 느끼게 하고, 마음을 든든하게 해주고, 행복한 마음을 만든다.
외로움을 없애주며, 긴장을 풀어주고, 두려움을 이기게 해준다.
가족을 사랑한다면 주저 말고 부드럽게 안아주라.

사랑의 힘은 참으로 위대하지. 모든 아픔을 감싸줄 수 있는 힘을 주기 때문이야. 끊임없이 사랑하며 사는 거야.

고개를 돌릴 때

보석은 문질러야 광택이 나고 사람은 시험을 거쳐야 완전해진다.

중국 격언

/

October 02

/

고개를 돌릴 때 알았다.
외로움에 마음이 으깨져 울컥 눈물을 쏟으면 왈칵 그리워진다.
품었다 놓친 것만 같아 허기를 쓸어안고 가슴을 죄었다.
슬픔 속에 갇혀 있기가 싫어 너무 그리워서 환장해서 뛰쳐나가 혹시나 하고 쭈뼛거렸다.

오늘은 스펀지처럼 살고 싶은 마음이야. 모든 것을 다 받아주고 스며들어도 내치지 않는 삶이랄까. 좀 더 포근하고 긍정적인 삶을 살고 싶은 날이야.

아픔에서 배우는 것

인간이여 너는 미소와 눈물 사이를 왕복하는 시계추이다.

조지 고든 바이런

October 03

머리가 아프고, 위에 통증이 있고, 감기 탓인지 목이 아프고 열이 난다.

몸에 이상이 생겼다는 걸 알려 주는 것이 틀림없다.

아픔이 없었다면 반응도 전혀 없을 것이다.

무감각한 사람이 되고 말았을 것이다.

아픔의 중요성을 새삼 깨닫게 된다.

지하철을 타고 갈 때 주위를 둘러봐, 아는 사람 하나 없지. 그러니까 가족과 주변 사람들에게 좀 더 친절하게 대해줘. 낯선 세상에 살면서 혼자 외롭게 살지 말구.

행운을 끌어당기는 방법

인생은 괴로움도 아니며 향락도 아니다.
인생은 우리가 완수하지 않으면 안 될 의무적 과업이다.

알렉시 드 토크빌

/

October 04

/

행운과 불운은 늘 함께 있어 아침에 "오늘은 좋은 날"이라고 외치면 좋은 아침이 좋은 하루를 만들어 준다.
거울을 보면서 활짝 웃어라.
거울 속에서 나를 보고 웃는다.
가슴을 펴고 당당하게 걸어라.
세상을 향해 축복하라.
세상도 나를 향해 축복해준다.

껍데기보다 알맹이가 중요한 거야. 겉치레로 살지 말고 속 깊은 정으로 살아야지. 오늘도 삶을 아름답게 살고 싶어.

용기란 전진하는 능력

큰 고통이야말로 정신의 마지막 해방자다.
이 고통만이 우리를 최후의 깊이에 이르게 해준다.

프리드리히 니체

October 05

용기가 무엇인지 이해하는 사람은 많지 않다.
많은 사람은 용기란 두려움 없이 전진하는 힘이라고 생각한다. 두려움이 없는 것은 용기가 아니다.
두려움이 없는 것은 뇌사상태에 있는 것과 같다.
두려움 혹은 고난에도 불구하고 꿈을 실현하기 위해서는 용기를 갖고 결연하게 걸어나가야 한다.

오늘은 배짱 있게 살아볼까! "내가 뭘 못해!" 강한 마음으로 살아보는 거야. 세상이 안 될 일이 어디 있어, 하면 되는 거야.

움직이면 돈이 되게 하라

돈을 얻는 가장 확실한 방법은 돈을 주는 것이라는
사실을 터득한 사람이다. 그런 사람은 행복한 사람이다.

나폴레온 힐

/

October 06

/

부자들은 돈을 쓸 때 이렇게 말한다고 한다.
"돈아! 너를 보낼 테니 다시 돌아올 때는 많은 친구와 같이 와라!"
행운을 부르는 말이다.
부자가 되고 싶다면 목표를 설정하고 낭비하는 삶이 아니라 벌어들이는 삶, 움직이면 돈이 되는 삶을 살라.

세상을 살면서 목적도 없이 의미도 없이 살면 정말 어리석은 일이지. 오늘도 분명한 목적을 갖고 의미 있게 살아가는 거야.

목욕을 하는 즐거움

남의 사랑을 받으려고 애쓰지 마라. 먼저 사랑하라. 그다음 받아라.

레프 니콜라예비치 톨스토이

October 07

목욕을 하면 다른 세계의 즐거움을 가져다 준다.
잠들기 전에 피로를 풀기 위해 온몸을 쏟아져 내리는 물 속에 씻는 것은 즐겁고 상쾌하다.
타월로 온몸의 물기를 닦아내면 피로가 사라지고 한결 가벼워진다.
잠도 편안히 들 수 있기에 이런 기분에 목욕을 하고 싶다.

오늘은 친구를 만나 목욕이나 같이 할까. 같이 웃고 떠들다가 식사도 같이 하고 노래방도 같이 가볼까. 기분 좋은 하루가 되겠지.

사랑을 표현하자

사랑은 끝없는 용서이고 부드러운 시선을 건네는 것이며
그것이 습관이 되어야 한다.

드미트리 우스티노브

October 08

사랑을 표현하기 위해 전화를 걸어주고 문자를 보내자.
시간을 내어 같이 음식을 먹고, 산책을 하고, 영화를 보고, 여행을 떠나자.
사랑하는 이와 함께 사랑을 표현할 수 있는 사람이 진정 삶을 사랑으로 표현할 수 있는 사람다운 사람이다.

가끔씩 내가 세상에 태어난 것을 감사하고 싶어. 사랑하는 사람이 있다는 것이 너무나 행복하고 나에게 주어진 일을 잘할 수 있어 너무나 좋아.

조금만 일찍 출근하라

행복을 추구하는 것도 좋지만
행복을 누릴 자격이 있는 사람이 되는 것이 더욱 중요하다.

이마누엘 칸트

/

October 09

/

매사에 준비를 철저히 하면 그만큼 손해를 보는 일이 줄어들고 마음에 여유가 생긴다.
"부지런하면 천하에 어려움이 없다"는 말도 있다.
출근도 조금만 일찍 하면 음악을 듣고 커피를 마시며 기분 좋게 일을 할 수 있다. 그러나 늦게 출발하면 도로가 막혀 짜증과 화를 내면서 하루를 시작하게 된다.

늘 한 발짝 빠르게 준비하고 살면 그만큼 부지런해지고 여유롭게 살 수 있지.
늘 늦어서 후다닥 난리 치면 불안하잖아.

성공을 만들어 가는 힘

재주가 비상하고 뛰어나더라도 노력하지 않으면 쓸모없는 것이다.

미셸 에켐 몽테뉴

/

October 10

/

소중한 것들이 많지만 그중에서 가장 귀중한 것은 사랑이다.
사랑을 많이 받은 사람은 겸손하고 베푸는 따뜻한 마음을 갖고 있다.
칭찬을 해주는 언어, 정겨운 눈동자, 명랑한 목소리, 힘 있는 악수로 희망과 사랑으로 나누어주면 삶이 더 새롭게 푸르른 희망으로 가득해진다.

오늘은 부모님께 감사하는 마음을 가지고 싶어. 부모님이 나를 세상에 낳아주지 않았다면 존재할 수가 없잖아. 정말 감사해.

승리자라고 생각한다면

예로부터 오늘에 이르기까지 인내와 노력이 따르지 않고
존경을 받게 된 사람은 없다.

아이작 뉴턴

October 11

승리자라고 생각하면 승리를 하고, 내일을 향해 힘차게 발걸음을 내딛으면 분명히 성공할 것이다.
시작할 목적을 분명하게 갖고 도움이 필요할 때 돕겠다는 생각을 갖고 남을 믿어주고 격려의 말을 하라.
비틀거리고 넘어지더라도 일어설 수 있다면 내일의 성공을 결정할 사람은 당신이다.

누군가 나를 항상 기억해주고 도와주고 힘이 되어 준다면 얼마나 고마워. 오늘은 내가 그런 사람의 마음이 되어볼 거야.

삶과 죽음 사이에서

알차게 보낸 하루가 편안한 수면을 가져다주듯이
알찬 생애가 평온한 죽음을 가져다준다.

레오나르도 다 빈치

October 12

삶에서 죽음이 오고 있다는 것을 아주 가깝게 느끼는 사람은 다가오는 소리에 두려울 것이다.
죽음이 오는데 두려움이 없는 사람은 없다.
진정한 삶을 사는 데 필요한 것은 죽음도 두렵지 않게 살아가는 것이다. 생각을 순전하게 하면 언제나 평안하게 안전하게 살아갈 수 있다.

아침에 뜨는 태양은 내 가슴에 희망으로 뜨고, 저녁에 지는 태양은 너무나 황홀한 아름다움을 남겨주지. 삶도 태양처럼 뜨고 지게 하자!

더 깊어가는 사랑

사랑은 줄 때만 간직할 수 있다. 주지 않을 때 사랑은 떠나가 버린다.

앨버트 하버트

/

October 13

/

"아내가 예뻐 보일 때가 행복하다."
부부 사이는 살면 살수록 더 닮아가기에 깊은 정이 쏙쏙 생겨난다. 이 세상에서 가장 행복한 사람은 사랑하는 사람과 결혼하는 것이다.
사랑을 표현하며 살아야 한다.
꽃은 피어야 하고 비는 내려야 하듯, 흘러가는 세월 속에 깊은 사랑을 해야 한다.

내일은 모르기에 오늘을 열심히 살아가는 거야. 내일 닥친 일을 전부 안다면 살아갈 의미가 없지. 기대하고 사랑하며 사는 날들이 기쁨이 가득하지.

살아가는 맛

늘 배우고, 새로운 습관을 기르고, 반대를 두려워하지 않으면
언제나 젊게 살 수 있다.

마리 폰 에브너 에셴바흐

/

October 14

/

잠이 깊이 든 줄 알았더니 꼭두새벽에 깨어버렸다.
왜 이 캄캄함 속에 고독이 찾아왔을까?
명치끝이 아리도록 외롭다.
곰곰이 생각해봐도 별 고민스러운 것은 없다.
그리워할 수 있고 고독할 수 있는 것도 도리어 살아가는 맛이다.

삶을 너무 쉽게 살려고 하는 것은 어리석지. 영원한 기쁨도 영원한 슬픔도 없잖아. 날마다 행복해하면서 열심히 사는 게 중요한 거야.

행복한 가정

가족들이 서로 주고받는 미소는 기분이 좋은 것이다.
특히 서로의 마음을 신뢰하고 있을 때 더욱 그렇다.

존 키블

/

October 15

/

결혼이란 함께 묶이는 것이다. 또한 결혼은 새장과 같다. 밖에 있는 새들은 그 속으로 들어가려 하고, 안에 있는 새들은 밖으로 나가려고 애쓴다.
가정은 행복을 저축하는 곳이지 채굴하는 곳이 아니다.
얻기만 위한다면 무너지기 쉽다.
가정의 행복은 서로 함께하고 서로 나눠주면서 이루어진다.

매사에 보람을 느껴야 행복한 삶이 되는 거야. 가족들에게 다정하게 대하고, 동료에게 친절하게, 사람들에게 친절하게 대하며 살아가야 삶이 재미가 있지.

이런 마음으로 살자

사랑한다는 것은 둘이 마주 보는 것이 아니라
함께 같은 방향을 바라보는 것이다.

앙투안 드 생텍쥐페리

/

October 16

/

움켜쥐기보다는 나누며 살고, 각박하기보다는 넉넉한 마음으로 살자.
의심하지 말고 믿어주는 마음으로 살고, 눈치주기보다는 감싸주는 손길로 살자.
슬픔을 주기보다는 기쁨을 주며 살고, 시기하기보다는 박수쳐주며 살자.
해가 되는 사이가 아니라, 복을 주고받으면서 살자.

삶을 늘 마이너스 인생을 만드는 사람이 있고, 삶을 항상 플러스로 만드는 사람이 있지. 오늘은 플러스가 되는 하루를 만들어야지.

기다림이 아름답다

대화를 잘 이끌어가는 사람은 가슴으로 대화를 시작한다.

케리 패터슨

/

October 17

/

누군가를 사랑하고 있다면 기다림조차도 아름답다.
버스 정류장에서 집으로 가는 버스가 와도 반가운데 내가 사랑하는 이를 기다림은 가슴이 부풀고 즐거운 일이다.
그 기다림이 사랑보다 아름다운 것은 가슴에 누군가를 향한 사랑하는 이의 마음이 있기 때문이다.
누군가를 기다릴 수 있는 일이 얼마나 좋은 일인가.

삶 속에 가끔은 가야 할 길을 잃을 때도 있지. 방황하고 싶을 때도 있고. 그러나 언제나 제자리를 찾아 사는 것이 좋아.

내 착각이다

원하는 것이 없는 사랑,
이것이 우리 영혼의 가장 높고 가장 바람직한 사랑이다.

헤르만 헤세

/

October 18

/

모든 것이 내 착각이다.
짓궂게 놀려주고 장난질이라도 했으면 미친 듯이 웃어나 보고 한이나 맺히지 않을 걸 남아 있는 것은 슬픔이다.
차츰차츰 눈 익혀 놓았더니 한순간 다시 낯설게 되었다.
메인 것을 풀 수도 없는 사이가 되어 겁먹은 눈으로 세상을 보았다.

오늘은 슬픈 일이나 어려움이 있는 친구를 만나서 위로해 주고 싶어지는데, 힘들게 사는 친구의 어깨를 두드려 주면 아픔이 조금은 살라질 거야.

비가 쏟아져 내렸으면 좋겠다

무슨 이익이 있으므로 사랑하는 것이 아니다.
사랑한다는 그 자체 속에서 행복을 느낄 수 있기 때문에 사랑하는 것이다.

블레즈 파스칼

October 19

비가 한바탕 시원하게 쏟아져 내려, 온 세상을 적셔주었으면 좋겠다.
마음의 묵은 때를 시원하게 씻어주었으면 좋겠다.
위선이 가득한 얼굴을 깨끗하게 씻어주었으면 참 좋겠다.
비를 맞으며 오랫동안 걸으면 나의 몸과 마음이 깨끗해질 것 같다.

커피 한 잔을 타주면서 "힘들지 도와줄게" 하는 말이 참 고마울 때가 있지. 그래서 사람은 사람 속에서 살아야 하는 거야.

산에 올라라

최선으로 출발한 것은 최악으로 끝날 수 없다.

로버트 브라우닝

/

October 20

/

한 발 한 발 걸음을 옮기며 산에 오르면 하늘은 점점 더 다가오고 멀리 보이는 내가 살고 있는 땅은 점점 더 넓어 보여 가슴이 트인다.
삶도 눈앞만 보면 마찬가지다.
밑바닥에서 몸부림치면 좁디좁아 보이고 괴롭기만 하다.
꿈을 가지고 정상을 향해 나가면 보는 것도 많아지고 가슴도 넓어진다.

사랑하는 사람과 서로 의지하고 서로 도와야지. 혼자 잘났다고 하면 그때부터 탈이 나는 거야. 삶은 조화를 이루는 거야. 사랑도 마찬가지야.

절박함을 느낄 때

대부분의 사람은 조건이 딸린 행복을 요구한다.
하지만 어떤 조건도 내세우지 않아야 행복을 느낄 수 있다.

아르투르 루빈스타인

October 21

벼랑에 대롱대롱 매달린 듯 지독한 절박함을 느낄 때가 있다.
가진 돈 한 푼 없고, 살 길은 막막하고, 무엇인가 뚜렷이 할 것도 없을 때가 있다.
사방이 막혀 답답해 누구에게 하소연하고 싶어도 찾아갈 사람도 반겨줄 사람도 없을 때도 하늘은 늘 항상 나를 받아주려고 열려 있다.

사방이 막혔을 때도 항상 하늘은 열려 있었어. 너무 막막해하지 말고 둘러봐.
다른 문이 열리기 시작할 거야.

길을 만들어가라

단순하라. 주님의 손을 잡고 해야 할 일을 하라.

브러더 앤드루

/

October 22

/

길이 없다고 투덜대거나 포기하지 마라.
길은 만들어가고 만들어진다.
첫발을 내딛는 순간 새로운 길은 만들어지기 시작한다.
세상의 모든 길은 누군가 제일 처음 발길을 내딛고 걸어가기 시작했을 때 시작되었다.
도전하고 싶다면 아무도 가지 않은 길에 첫발을 내딛어라.

이 세상에 쓸모없는 것은 하나도 없어. 쓰레기 속에서도 재활용하는 것들이 나오잖아. 오늘도 마음의 여유를 갖고 멋진 사람으로 사는 거야.

아이디어를 새롭게 하라

당신 인생의 최고의 날은 아직 오지 않았다.

조엘 오스틴

/

October 23

/

아이디어란 개념, 관념, 생각, 사상, 인식과 의견, 견해, 신념을 새롭게 하는 것이다.
생각만 조금 바꾸어도, 생각을 조금만 깊이를 더해도 수많은 아이디어를 만들 수 있다.
작은 씨앗 하나가 자라면 큰 나무가 되어 열매를 주렁주렁 맺듯이 생각을 변화시키면 아이디어가 열린다.

어린 시절 종이비행기를 처음 날렸을 때 얼마나 기분이 좋았는지 몰라. 하늘을 날을 듯이 기분 좋은 일이 생겼으면 좋겠지. 생각하는 시간을 가져봐.

남의 이야기를 들어주라

좋으신 하나님은 당신의 소원을 모두 들어주신다.
단 모든 것을 그분의 손에 맡길 때면.

머햄리아 잭슨

/

October 24

/

내 이야기만 쭉 늘어놓고 살면 고정된 사고는 변할 수 없어 마음의 폭이 날마다 줄어든다.
남의 이야기를 끝까지 들어주며 고개를 끄덕이고 가슴에 담아두자.
다른 사람이 다가올수록 마음을 열어주면 편안해지고 세상마저 넓게 보이기 시작한다.

나보다 남을 먼저 생각하면 얽히는 일이 잘 안 생기는 거야. 언제나 나부터 나 먼저 하면 매사가 엉키고 꼬이는 거야.

아픔이 가득한 병상에서

친절한 말은 짧고 쉽지만, 그 방향은 끝이 없다.

마더 테레사

/

October 25

/

사경 속에서 몸부림치는 아픔이 가득한 병상을 찾으면 다시 한 번 삶에 애착을 느낀다.
마지막 순간까지 투병을 포기하지 않고 살고 싶은 마음이 가득함을 보고 생명의 소중함을 뼈저리게 느낀다.
괜히 투덜거리며 살지 말아야지, 가족들을 사랑하며 일하는 기쁨을 누려야겠다.

병상을 찾아도 아무런 말을 하지 못하고 올 때가 있지. 무슨 말을 해야 좋을지? 건강하기 바라며 손을 따뜻하게 잡아 주어야지.

사진을 찍으며

내가 본 모든 것으로 판단하건대
보지 못한 모든 것에 대해 창조주를 믿어야 한다.

랠프 월도 에머슨

/

October 26

/

삶의 한순간이 정지되어 추억으로 남아 있도록 사진을 찍는다. 삶의 모든 순간순간이 누군가의 기억 속에 남는데 잘 살아야겠다.
미워하며 살지 말고, 상처주지 말고, 가슴 따뜻하게 배려하고, 사랑하며 나누며 살면 누군가의 마음의 사진에 아름답게 남을 것이다.

꿈도 가끔은 방향을 바꿀 때가 있어. 삶도 내 마음대로 안 되고. 하지만 두고 봐. 다 잘 될 거야.

가까운 사람이 세상을 떠났을 때

무덤가에서 흘리는 가장 슬픈 눈물은
미처 하지 못한 말과 행동 때문에 흘리는 눈물이다.

해리엇 비처 스토

/
October 27
/

가장 가까운 사람이 세상을 떠났을 때 치며 오르는 슬픔 때문에 통곡을 하고 싶다.
너무 허무하고 쓸쓸하고 애석해 온 세상에 적막한 고독이 가득해진다.
'왜 이렇게 살아야만 했을까?'
언젠가 모두 다 남지 못하고 떠날 텐데 잘 살고 가야지, 잘 보내야지.

우리가 죽음의 날을 모르니까 행복하게 살지. 만약에 안다면 얼마나 두려울까.
살면서 살아 있는 시간 동안 아낌없이 사랑해야지.

물건을 잃어버렸을 때

풍향의 변화를 돌아보지 않고 언제나 똑같이 돛을 달고 있는 사공은 언제까지나 목적한 항구에 다다르지 못한다.

헨리 조지

/

October 28

/

잠시 딴생각을 하다가 택시에 물건을 놓고 내렸을 때 자책감이 들 때가 있다.

'나는 항상 왜 이럴까?'

그러나 조금만 더 주의를 하면 그런 일이 다시 일어나지 않을 수 있다. 조금만 더 생각하면 그런 일은 다시 일어나지 않는다.

"저 사람이 날 어떻게 생각하겠어" 하면서 살지 않아야 해. "내가 먼저 잘해 주어야지" 하는 마음으로 살면 편안해지지.

서점에서 책을 사며

최고의 커뮤니케이션은 가장 솔직한 동시에
가장 친절하게 말하는 것이다.

존 파월

October 29

서점에서 책을 고르며 생각한다.
작가들의 글 하나하나가 소중하다.
내가 알지 못하고 못 느끼던 것들을 글을 통해서 깨닫게 된다. 글자 속으로 떠나는 여행이 즐겁다.
글자들이 만드는 세상을 펼쳐보며 한 권의 책에서 작가를 만나고 나를 만나고 세상을 새롭게 만난다.

나이가 들어가면 아쉬운 일들이 많아지지. 그때 잘할 걸 그때 그렇게 해줄걸.
더 아쉬움만 남기 전에 오늘부터 그렇게 하자구.

남과 비교하지 마라

자기 자신을 응시하라.
겉을 둘러싼 것들로 향하는 눈길을 돌려 자신의 내면을 보게 하라.

요한 고틀리프 피히테

/

October 30

/

자기 자신을 바라보라.
세상에 단 하나밖에 없는 소중한 존재다.
통도 밥을 넣으면 밥통, 똥을 넣으면 똥통이 되듯이 삶도 마찬가지다.
남과 비교하며 자신을 초라하게 만들면 불행해지고 비굴해지지만, 자신을 제대로 알고 표현하면 행복하다.

세상에 모든 것은 다 개성이 있는 거야. 새들은 제 이름으로 울잖아. 나 자신을 소중하게 알고 사는 것이 제일 행복한 거야.

고통의 올무에서

실패는 일종의 교육이다.
사고할 줄 아는 사람은 성공이나 실패에서 많은 것을 배운다.

존 듀이

/

October 31

/

생각지도 않은 고통이 닥칠 때 지나치게 의심하거나 분노부터 내지 말자.
겁에 질려 절망과 절망 사이를 오가며 원망의 눈동자로 바라보지 말자.
무심하게 남을 괴롭히거나 터무니없는 우격다짐으로 허물을 발가벗겨 놓듯이 드러내지 말고 미운 감정의 오물들을 토하지 말자.

살아감에는 슬퍼도 눈물이 있고 기뻐도 눈물이 있지. 오늘은 기쁜 일이 하나쯤 생겼으면 좋겠어. 그런 마음으로 하루를 시작하는 거야.

Loneliness

November

낙엽이
후두두 나리는
것은

……

초록이
지쳐
쉬어가는 것

……

11월

……

느리게
산다는
것은

운명은 외부에서 오는 것처럼 보이지만
실은 우리 자신의 마음으로부터 비롯되는 것이다.

루키우스 안나이우스 세네카

고통에서 벗어나기

사람은 열중할 때에는 행복하다.
일을 끝마친 뒤의 휴식 또한 행복이다.
단지 게으름만이 이 기쁨을 모른다.

데모필레

November 01

남을 잘 이해해주지 못하고 올가미에 갇혀 있듯 잘못된 마음으로 성가시고 아프게 만들지 말아야 한다.
쓸데없는 의심만 키워가며 피곤에 시달려 질서없이 살지 말자.
어려움이 일어날 때 흥분을 가라앉히고 마음을 차분하게 다스리며 스스로 만든 고통 속에서 벗어나야 한다.

"사서 고생이라"는 말이 있지. 스스로 고통을 만들 필요는 없어. 스스로 행복하기를 원하는 것이 최고의 선택이야.

바다를 보러 가자

운명은 외부에서 오는 것처럼 보이지만,
실은 우리 자신의 마음으로부터 비롯되는 것이다.

루키우스 안나이우스 세네카

/

November 02

/

바다를 보러 달려가자.
넓고 푸른 바다는 살아 있다.
드넓은 가슴으로도 감당할 수 없는, 한이 쌓이고 쌓여 파도가 밀려올 때마다 하얀 거품으로 밀어내는 바다를 보면 가슴이 탁 트인다.
아름다운 수평선을 보러, 바다처럼 넓은 마음으로 살아가기 위해 가자.

바다를 보면 달려가고 싶어지지. 탁 트인 바다에 파도가 밀려오면 정말 좋아.
언제 한번 시간을 내어 바다를 보러 가야지.

어떤 어려움 속에서도

나는 죽을 때까지 나 자신을 모두 사용하겠다.
내가 열심히 일하면 일할수록 나는 더 오래 살 것이기 때문이다.

조지 버나드 쇼

/
November 03
/

어려움 속에서 헛손질만 할 것이 아니라, 혼신의 힘으로 불사를 수 있다면 달라진다.
한치 앞이 보이지 않고 불안할 때에도 따뜻한 피가 돌도록 헤아려 줄 수 있는 넉넉하고 푸근함이 필요하다.
흥미로운 것만 좋아하고 어려운 일을 피하면 절벽 같은 고통을 견디지 못해 상처를 품어줄 수 없어 고통만 가득하게 된다.

말한 대로 살 수 있어. 아무리 어려워도 "잘 될 거야!" 말하면서 이겨내면 한결 더 편해지는 마음이 들게 될 거야.

희망은 새싹처럼 돋아난다

강한 사람이란 자기를 억누를 수 있는 사람과
적을 벗으로 바꿀 수 있는 사람이다.

유대 경전

/

November 04

/

차갑고 두꺼운 벽을 쌓고 부딪치는 고통 속에서도 벽을 헐어낼 수 있다면 상황은 얼마든지 변할 수 있다.
토막토막 잘려나가고 비틀어지는 슬픈 일들이 날마다 일어나지만, 곳곳에서는 살고 싶은 사람들의 소리가 들리고 감출 수 없는 꿈과 희망은 언제나 새싹처럼 돋아나고 있다는 것을 기억하자.

희망은 어둠 속을 비추어주는 등대와 같아. 마음속에 희망이란 등불 하나 켜놓고 내일을 살아가야 하는 거야.

진실은 어디에서 오는가

장미꽃을 전하는 사람의 손에는 언제나 장미향이 남는다.

중국 격언

/

November 05

/

현대 사회는 날로 불신과 무관심의 농도가 짙어만 간다.
많은 사람이 방관적으로 살아가고 날마다 수많은 사건이
나라와 세계 속에 일어난다.
웬만한 일들은 일어나지도 않은 것처럼 사람들은 관심을
두지 않지만, 진실은 가슴에서부터 시작되어야 한다.

살다 보면 두 다리를 뻗고 엉엉 울고 싶은 날도 있지. 한번 날 잡아 울어볼까. 그러나 웃으면서 사는 편이 더 좋을 것 같아.

살아 움직이는 양심

우리에게 중요한 것은 멀리 희미하게 놓여 있는 것을 바라보는 것이 아니라,
가까이에 있는 것을 행동으로 옮기는 것이다.

토머스 칼라일

/

November 06

/

진리가 퇴색해 가는 시대일수록 참된 진리를 외치고 진리를 행하며 살아가야 한다.
왜 진리를 말하고 진실하게 살아야 하는가.
행한 대로 심은 대로 뿌린 대로 거두게 되기에 참되고 바르게 살아야 한다.
진리가 살아나려면 우리의 양심이 살아 움직여야 한다.

양심이 살아 있어야 해. 양심마저 팔고 산다면 그건 사람이 아니야. 선한 마음으로, 착한 마음으로 살아야지!

지겨움과 권태를 없애라

습관의 사슬은 거의 느낄 수 없을 정도로 가늘지만
깨달았을 때는 이미 끊을 수 없을 정도로 완강하다.

린든 베인스 존슨

November 07

삶에서 지겨움과 권태를 없애 버려라!
권태는 우리의 삶을 좀먹는 곰팡이와 같다.
마음에 먹구름이 끼고 장마가 온다는 생각이 들면 더 열심히 잔뜩 낀 곰팡이들을 시원하게 닦아버려라!
"이 세상에서 제일 무서운 것은 가난도, 질병도, 비애도 아니다. 그것은 삶의 권태다"라는 말이 있다.

하늘에 먹구름이 잔뜩 끼었다가도 한순간에 다 사라지잖아. 마음만 잘 먹으면 권태도 단 한 방에 날려 보낼 수 있어.

내일을 기대하며 살라

일하는 것만 알고 휴식을 모르는 사람은 브레이크 없는 자동차와 같고,
일하는 것을 모르는 사람은 엔진 없는 자동차와 같다.

헨리 포드

/

November 08

/

어린아이들은 매일매일 자기에게 좋은 날이 될 거라는 새로운 기대 속에서 새날을 시작한다.
자신의 삶에 기대와 자부심을 가져라.
미래는 더 행복해지고 좋아질 것이라고 생각하라.
항상 돕는 사람이 있다고 생각하라.
내일을 기다리며 사는 삶은 소망이 있는 삶이다.

내일을 기대하며 살기에 오늘도 쉬지 않고 일하면서도 재미를 느끼는 거야. 내일이 있다는 것은 정말 기대가 되거든.

성공하는 사람들의 조건

삶의 기술이란 하나의 공격 목표를 골라 거기에 집중하는 데 있다.

앙드레 모루아

/

November 09

/

홀로 살아가지 말고 함께 살아가고, 실망하게 하는 사람이 되지 말고 믿을 수 있는 사람이 되자.
남도 도울 줄 아는 마음으로 살아가며 꿈을 가지고 땀을 흘리며 늘 완주하는 삶으로 살아가자.
최선을 다한 사람은 골인점에 도착할 때 분명히 환호와 박수를 크게 받는다.

땀 흘리며 일하는 모습을 볼 때 너무 좋아 보여 박수를 치고 싶을 때가 있지. 땀 흘리고 마시는 냉커피가 정말 맛있잖아.

가까이해서는 안 되는 사람

날카로운 말은 약과 의사도 치료하기 힘든 상처를 낸다.

처치야드

/

November 10

/

곁에 있는 쓸 만한 사람은 버리고 필요할 때 이용할 사람만 두는 사람은 가까이해서는 안 될 사람이다.
목소리의 색깔이 자주 바뀌고 욕정에 사로잡혀 수단과 방법을 가리지 않고 부모형제와 사이가 원만하지 않은 사람, 금전에 매우 인색하고 화려한 세계를 동경하는 사람 곁을 떠나야 한다.

사람들이 만나주지 않는 사람이 된다면 참 잘못 삶을 살아가는 거야. 늘 함께 해주고 싶은 삶을 살아야 해.

내일은 희망이다

패배한다는 것은 일시적인 현상일 뿐이다.
그러나 포기한다는 것은 영원히 그만두는 것을 의미한다.

메릴린 사반

November 11

지난 일들을 후회하거나 낙심할 때가 많다.
지난날의 아픔을 생각하며 한탄하기보다는 내일을 기대하며 살자. 운명의 핵심은 선택이니 일부러 슬픔을 선택할 필요는 없다.
기쁨과 희망을 선택했을 때 새로운 날들이 찾아온다.
삶도 하나의 예술이고 작품이다.

우리 인생이 작품이라고 한다면 날마다 더 좋은 작품을 만들어야 해. 최고의 작품은 삶의 마지막 순간에 나올 거야.

삶은 하나의 약속이다

생활을 위해 투쟁한다는 것은
정확하게 말해서 성공을 위한 투쟁이다.

버트런드 러셀

/

November 12

/

어머니의 태중에서 시작한 인생은 아침부터 죽음에 이르는 황혼까지 삶 전체가 약속으로 이루어졌다.
사람의 얼굴에는 그들의 삶이 표현되어 있다.
사랑의 약속을 지키며 살아가는 사람들의 얼굴은 밝게 빛이나지만, 속이는 사람들의 얼굴은 어둡다.
약속을 지키고 살아가는 사람은 아름답다.

약속 하나를 잘 지켜야 해. 약속은 사람의 마음을 표현하는 거야. 지키지 않으면 모든 것을 잃을 수도 있어.

정을 듬뿍 주며 살자

성공에는 어떤 속임수도 없다.
나는 나에게 주어진 일에 전력을 다했을 뿐이다.

앤드루 카네기

November 13

서로서로 마음에 속 깊은 정을 하나씩 주고받으며 살아가자.
꽃도 피면 질 때가 있고, 삶도 어느 날 갑자기 훌쩍 떠날 때가 있다.
살며 만나고 헤어지는 사람들에게, 어쩌면 단 한 번 만나고 헤어질 수 있는데 만나는 동안만이라도 정을 듬뿍 주며 살자.

삶이란 여행에 추억을 남기며 살아가는 거야. 언제 생각해 보아도 잘 살았다는 생각이 들도록 날마다 즐겁게 살아야지.

미소가 아름다운 세상

미소를 지으라. 그리고 더욱 활짝 웃어라.
온전히 사랑하라. 그리고 당신의 사랑을 말로 표현하라.

네이선 립턴

/

November 14

/

미소에는 진실이 담겨 있다.
사랑하는 이가 미소를 지으면 내 마음에도 불이 켜진 듯 밝아진다. 웃음꽃이 활짝 핀 얼굴은 이 세상의 어떤 꽃보다 아름다운 행복을 만들어 준다.
자연스러운 미소는 아름답다.
웃는 사람을 보고 있으면 덩달아 웃음이 나게 된다.

내가 웃으면 세상도 웃는다고 하지. 내가 웃고 모두가 즐겁다면 웃고 살아야지. 짜증 내고 살 이유가 없는 거야.

결혼은 행복이다

진정으로 하나님을 신뢰한다는 것은
상황과 환경을 뛰어넘는 것이다.

조지 뮐러

November 15

결혼은 인생 속에서 가장 좋은 친구를 만나는 것이다. 사랑하는 이를 만나고 사랑하는 이와 함께 가족을 이루며 평생 살아갈 수 있다는 것이 얼마나 감사한 일인가. 서로 사랑한다는 것을 알았을 때 얼마나 기뻤는가. 결혼은 사랑하는 이와 함께 떠나는 여행이다. 어떤 어려움과 고통이 있더라도 아름다운 한 폭의 그림처럼 삶을 아름답게 그려 가야 한다.

혼자 남을 때를 생각해서 잘 해줘야지. 혼자 남으면 얼마나 그리울까. 혼자 남으면 얼마나 외로울까.

진실한 삶을 살아가는 사람은

불행할 때 감사하면 불행이 끝나고
형통할 때 감사하면 형통이 연장된다.

찰스 스펄전

/

November 16

/

거짓된 삶이 습관화되면 추해지고 겉만 자꾸 포장하게 된다.
진실은 있는 그대로의 삶을 보여 준다.
가식과 교만, 오만으로 과장하고 포장해 허세를 부리는 것은 어리석은 삶을 살아가는 것이다.
주변을 밝게 해주는 사람들은 진실한 삶을 살아가는 사람들이다.

진실은 어디를 가도 통하는 법이지. 진실한 마음은 중요한 거야. 오늘도 진실하게 살면 하루의 마지막이 행복으로 가득 찰 거야.

성인의 조건

남을 크게 도울 기회는 좀처럼 찾아오지 않지만
작은 기회는 일상 속에 널려 있다.

샐리 코흐

November 17

성인이라면 조국과 민족 앞에 자신의 삶이 부끄럽지 않고 언제나 떳떳하게 살아가는 모습을 보여줄 수 있어야 한다.
성인이라면 자신의 삶은 물론 친구와 동료를 위해 때로는 목숨까지도 아끼지 않을 정도로 신뢰와 확신이 있어야 한다.
성인이라면 비난과 칭찬에도 흔들리지 않고, 그물에 걸리지 않는 바람처럼 남에게 이끌리지 않고 남을 이끄는 사람이 되어야 한다.

어른이라면 성숙한 모습으로 살아야 하지 않을까. 성인이 되어서도 부모만 의지하고 살면 잘못된 거야. 성인은 성인답게 살아야 해.

한 잔의 커피와 떠나는 여행

커피는 마지막 한 방울까지 맛있다.

시어도어 루스벨트

/

November 18

/

여행하면서 마시는 한 잔의 커피는 참으로 독특한 매력을 지니고 있다.
편안한 마음에 떠나온 곳에 대한 그리움을 잠시 동안 안정시켜주기도 한다.
이제부터 여행을 떠날 때 한 잔의 커피와 함께 떠나보면 어떨까. 여행이 한결 즐거워질 것이다.

삶은 커피 한 잔의 낭만과 추억이 있기에 더 아름답지. 오늘은 맛있게 커피를 파는 집에 가서 맛있는 커피를 마시면서 추억 속의 여행을 해보자.

두려움을 극복하라

두려움에는 두 가지가 있다.
그 하나는 믿음의 결과인 고결한 두려움이고,
다른 하나는 의심과 불신의 산물인 사악한 두려움이다.

블레즈 파스칼

November 19

두려움을 느끼며 나약해지는 것은 어리석은 행동일 뿐이다.
두려움은 희망의 빛을 잃고 더욱 절망의 늪으로 빠져들게 할 뿐이다. 두려움을 이기려면 이유를 알고 강하고 치밀한 준비를 해야 한다.
슬픔의 패배가 아닌 행복의 즐거운 기억으로 만들어야 한다.
두려움을 통째로 던져버리면 스스로 모든 것을 잘 해낼 수 있다.

두려움이 없는 사람은 없을 거야. 마음을 강하게 하느냐, 나약하게 하느냐 차이야. 강하게 살아봐, 마음이 든든해질 거야.

교만을 던져버려라

행복의 원리는 간단하다. 불만에 자기가 속지 않으면 된다.
어떤 불만으로 해서 자기를 학대하지 않으면 인생은 즐거운 것이다.

버트런드 러셀

November 20

교만은 해가 될 뿐이니 가슴을 활짝 열고 숨김없이 훌훌 털어버려야 한다.
교만해지고 싶은 것은 남을 무시하고 업신여기려는 생각이 머릿속에 가득하기 때문이다.
낮아짐을 성실하게 배우고 겸손을 가장 깊은 곳에 받아들여라.
겸손은 존귀한 길로 안내한다.

교만하면 결국에는 손가락질을 받게 되는 거야. 겸손하게 살아야지. 이 세상에 나보다 못 한 사람이 없다는 생각으로 말이야.

이별은 다른 만남의 시작이다

자기 안에 갇혀 있는 사람은 아주 작은 상자밖에 만들 수 없다.

브러더 앤드루

/

November 21

/

이별은 상처를 입히고 괴로움 속에, 황량한 고독 속에 빠지게 한다.
사랑하는 이가 다시 돌아오지 못한다는 가혹한 체험으로 허무를 깊이 느끼게 된다.
이별의 슬픔으로 삶의 가치를 잃고 고개를 숙이고 절망의 어둠 속으로 빠져들게 된다.
하지만 이별은 다른 곳에서 더 좋은 모습으로 또 다른 만남을 약속해 주는 것이다.

사랑을 하다가 이별을 하면 너무 속상해하지마. 떠나간 사람은 잊어. 더 좋은 사람을 만날 거야.

어떤 역할을 할 것인가

불가능한 일은 대개 시조하지 않은 일이다.

짐 굿맨

/

November 22

/

살아가는 모습은 모두 다르고, 똑같은 얼굴을 가진 사람들이 하나도 없고, 똑같은 삶을 살아가는 사람도 없다.
각자 자기 역할의 삶을 살아가고 삶의 모습에 따라 이미지와 성격과 행동이 달라 보인다.
어떤 역할을 하며 사느냐는 자신의 선택에 달려 있다.

오늘은 사랑하는 사람에게 작은 선물을 해야지. 얼마나 좋아할까. 생각만 해도 너무 좋다.

괴로움이 가지고 있는 문

행복은 여행길이지 종착역이 아니라는 것을 명심하라.

로이 굿맨

/

November 23

/

괴로움은 두 가지의 문을 가지고 있다.

그 둘은 같은 힘, 같은 무게, 같은 넓이로 나타나지 않는다.

대부분의 사람이 여는 문은 가볍고 크고 누구나 다가가기 쉬운 절망의 세계로 통하는 문이다.

하나의 문은 좁고 무거워 열기 위해서는 힘이 들지만, 그 문은 생명을 열어주는 문이다.

문은 어디에나 있지만 들어가야 하는 문이 있고, 들어가지 말아야 하는 문이 있지. 선택은 자유지만 결과는 분명하게 다른 거야.

마음에 가시철조망을 제거하라

행복이란 한두 방울 자기의 몸에 뿌리지 않고서는
남에게 결코 전해줄 수 없는 향수와 같은 것이다.

랠프 월도 에머슨

/

November 24

/

이웃들이 찾아오고 다가오지 못하게 마음의 길목을 막아 버리는 까칠한 성격의 가시철조망을 제거하라.
남을 함부로 무시하고 경멸하고 오만하게 큰소리를 치며 거만하게 행동하는 못된 버릇을 버려라.
그렇지 않으면 외톨이로 남아 쓸쓸한 황혼을 보내게 될 것이다.

사람들에게 가시 노릇하면서 사는 것이 정말 좋을까? 사사건건 시비 걸고, 트집 잡고, 비난하는 습관은 다 버려야 하는 거야.

잠들지 못하는 날

사랑은 두 사람이 가장 잘 성장할 수 있도록
이끄는 한 사람과 다른 사람의 관계이다.

푸트

/

November 25

/

밤은 깊어 가는데 잠에 들지 못하고 뒤척이는 날이면 다정한 친구를 만나듯이 마음을 다독거려 주어야 한다.

"잘살고 있잖아. 곧 편안하게 잠에 들 거야!"

"행복하잖아, 좋은 꿈을 꿀 거야!"

어느 사이에 잠이 들어 기분 좋고 상쾌한 아침을 만나게 될 것이다.

사랑하는 대화를 나누면 산책하는 시간이 참 즐겁지. 서로 마음이 통하고 생각이 통하면 산다는 즐거움은 더 커지는 거야.

산다는 것은

세상을 움직이려거든 먼저 자신을 움직이라.

소크라테스

/

November 26

/

산다는 것은 그리 쉬운 일이 아니다.
무수한 고통과 절망이 찾아올 때가 많다.
'태어나지 않은 편이 훨씬 좋았겠다'라는 생각이 문득 문득 떠오를 때도 있다.
현실에서 얼마나 많은 사람이 삶을 축복으로 받아들일 수 있을까. 사람에게 삶이 주어졌다는 것은 행복이며 축복이 시작된 것이다.

오늘은 산다는 이유만으로도 행복해지고 싶어. 살아 있기에 모든 것을 할 수 있잖아. 더욱더 행복하게 살고 싶어.

정직한 삶

정직은 성공의 초석이다.
정직함이 없다면 확신과 능력은 사라지고 만다.

메리 케이 애시

November 27

정직해서는 이 험한 세상을 살 수 없다지만 더욱 정직하게 살아야 한다.
세상 물이 온통 흙탕물이고 먹물이라도 자신을 더럽히면서 행복하기를 바라면 안 된다. 물이 더러워지면 맑은 물을 찾듯이 진실을 잃어가는 세상일수록 정직해야 한다.
정직이 삶의 신용장이고 마음의 보물이다.

정직하게 사는 거야. 그래야 어디서나 당당하게 살 수 있지. 하늘과 땅 사이에 아무것도 두려울 것도 없이.

지식의 힘

지식은 실상 저 하늘의 위대한 태양이다.
생명과 에너지는 그 광선과 함께 사방으로 퍼진다.

다니엘 웹스터

November 28

지식이란 아무도 소홀하게 대하지 않는 진귀하고 고귀한 보물이다. 그러나 사랑이 없는 지식은 차갑고 냉혹하고 죽은 것과 같다.

살아 있는 지식과 행동하는 지식이 힘을 발휘하게 하려면 사랑하는 힘이 강해야 한다.

사랑이 없는 지식은 그 힘을 발휘하지 못하기 때문이다.

아는 것이 힘이라고 하잖아. 책을 읽어봐. 어떻게 한 달 동안 책 한 권밖에 안 읽어. 정말 한심해. 이제는 책과 함께 살아보자.

질투라는 감정

질투는 가장 큰 불행이라 할 수 있다.
질투하는 사람을 동정하는 사람은 거의 없기 때문이다.

프랑수아 드 라로슈푸코

/

November 29

/

질투란 다른 사람이 잘되는 것을 빼아프게 싫어하는 감정이다. 질투를 느껴보지 않은 사람은 없을 것이다.
질투를 그냥 자라게 내버려 두면 육체와 마음에 질병과 장해를 가져오는 병이 되고 말 것이다.
질투는 탐욕에서 나오는 것이다.
질투를 버리면 즉시 행복이 찾아온다.

욕심은 버려야 해. 모든 잘못된 일은 욕심에서 시작하는 거야. 나누는 삶은 나도 행복하고 남도 행복해지지.

혼자 라면 먹을 때

잘못된 점을 오랫동안 생각하지 않으면
그것이 옳은 것처럼 보인다.

토머스 페인

/

November 30

/

저녁 늦도록 아무도 오지 않아 혼자 라면 끓여 먹을 때 계란을 깨어 넣었더니 노른자가 두 개 나올 때 웃음이 나오고 기분이 좋지만, 왠지 혼자 밥 먹기가 쓸쓸하다.
사랑하는 사람의 손길이 그리워진다.
마음으로 정성을 쏟아 해주는 밥, 그게 사랑이며 행복임을 깨닫는다.
함께 있음에 좋은 사람이 그리워진다.

맛있는 밥도 같이 먹어야 맛있고, 좋은 영화도 같이 봐야 좋은 거야. 오늘은 같이 있으면 좋은 사람과 데이트를 해야지.

BEGIN
AGAIN

RUMiNaTiON

December

소복히

하얀 눈길

……

가지런히

밟혀 온

발자국

……

12월

……

지워지지 않는

지나쳐 온 것들을

되새기며

"당신은 꿈만큼 성공할 수 있습니다!"
자신이 갖고 있는 꿈은 죽어도 포기하지 마라!

용혜원

여행을 즐기기

여행은 많은 이득을 준다.
신선한 마음, 멋진 일에 관한 견문, 새로운 도시를 보는 기쁨,
낯선 친구와의 만남, 고상한 몸가짐의 습득이다.

사디

/

December 01

/

삶을 때로는 좀 떨어져서 관조해보고 한 잔의 차를 마시며 명상에 잠겨도 보아야 한다. 그래서 여행도 필요하다.
마음의 눈을 뜨고 만나는 모든 것을 맛보라.
당신의 행복을 성공으로 평가하지 말고 인생이라는 여행 전반을 즐겨라.
행복 그 자체가 길이다.

여행을 할 여유를 갖는 삶은 즐겁고 신나는 삶이지. 부지런히 일해서 여행하는 시간을 만들어야지. 여행은 삶을 풍요롭게 만들어 주는 거야.

열린 마음으로 살자

성공이란 나이가 들수록 가족과 주변 사람들이
점점 더 나를 좋아하는 것이다.

짐 콜린스

/

December 02

/

마음이 삐쩍 마르게 살지 말고 마음이 살쪄서 가족 행복에 통통 살이 오르도록 살자!
열린 마음이 가장 중요하다.
열린 마음이 성공하게 만든다.
만나고 함께하는 사람들에게 있는 그대로 늘 순수하게 대하고 오래 남도록 좋은 인상을 주자.

사랑한다면 관심을 가져주고 모든 하는 일에 책임을 져주는 거야. 사랑하는 사람들이 서로 존중하고 이해해주며 사랑을 주고받으면 최고의 사랑이겠지.

사랑이 나에게로 오던 날

당신이 아무리 올바른 길 위에 서 있다고 해도
제자리에 가만히 있는 다면 어떤 목표도 이룰 수 없다.

랠프 월도 에머슨

December 03

사랑이 나에게로 오던 날 이 지상에서 최고로 행복한 사람이 되었다.
누군가를 사랑하고 그 사람을 기다리고 좋아한다는 것은 얼마나 기쁜 일인가.
사랑하는 사람을 위해서 일을 하고, 사랑하는 사람을 위해서 선물을 사고, 그를 만나러 달려간다는 것은 행복하다.

사랑에 눈을 뜨면 모든 것이 아름답게 보이는 거야. 사랑한다는 것, 사랑에 빠진다는 것은 삶에서 최고의 축복이니 마음껏 누려야 해.

희망보다 더 좋은 약은 없다

내일은 더 나아질 거라는 기대를 갖게 하는 것보다
더 훌륭한 것은 없고 그보다 더 강력한 활력소는 없다.

오리슨 스웨트 마든

/

December 04

/

성공하고 싶다면 당신의 진심을 당신 스스로 느낄 수 있도록 살라.
성공하는 사람들은 자신의 어두운 점보다는 밝은 점을 더 많이 찾아내어 긍정적으로 살아간다.
자기만의 콘텐츠를 만들어라!
두려움과 공포를 떨쳐버려라!

삶 속에서 불평할 일보다 감사할 일이 많아야 해. 감사하면 세상은 아름답게 보이는 거야. 기쁨이 더욱더 충만해지는 거지.

열정의 온도를 높여라

무기력을 극복할 수 있는 유일한 방법은 열정이다.

아널드 조지프 토인비

December 05

물도 99도에서는 끓지 않는다.
물을 끓이기 위해서는 마지막 1도의 불꽃이 더 필요하다.
마지막 1퍼센트의 불꽃을 피우기 위해서는 100도가 되어야 한다.
열정을 다 쏟아 부어야 한다.
인생의 온도도 99도 이상 높여서 사랑의 1도로 열정으로 펄펄 끓게 만들어야 한다.

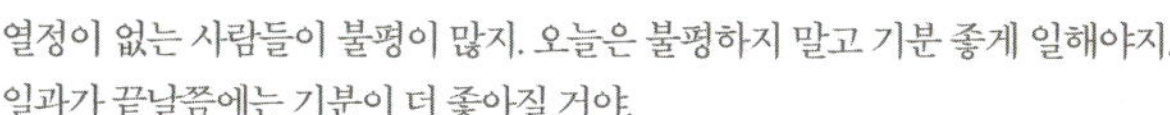
열정이 없는 사람들이 불평이 많지. 오늘은 불평하지 말고 기분 좋게 일해야지.
일과가 끝날쯤에는 기분이 더 좋아질 거야.

몰입이냐 몰락이냐

큰일이건 작은 일이건 네가 하는 일에 정성껏 하여라.

안창호

/

December 06

/

'몰입이냐! 몰락이냐!'에 따라 삶의 결과가 달라진다.
달인들을 보라. 늘 웃으면서 일을 하는 데도 집중력도 높다. 달인처럼 자신이 좋아하는 일에 전력투구하면 인생이 달라진다.
미국의 유명한 잡지에 이런 글이 있었다.
"당신은 당신의 꿈만큼 성공할 수 있습니다!"
자신이 갖고 있는 꿈은 죽어도 포기하지 마라!

자신의 일에 미친 듯이 몰입하는 사람들은 결과를 멋지게 만들어내지. 자기 일에 전문가가 되는 것은 기분 좋은 거야.

빈 마음

당신이 변화하지 않는 한 이미 갖고 있는 것
말고는 아무것도 알 수 없다.

제임스 론

/

December 07

/

빈 마음을 무심이라고 하는데, 마음을 비우며 살 수 있어야 넉넉하게 채울 수도 있다.
때로는 텅 비울 수 있어야 거기 울림이 있고 울림이 있어야 여유롭다.
빈 마음이 채워질 때 충만해지면 신선하고 활기차게 살아갈 수 있다.

우리들의 삶에는 그리움이 있어야 해. 지나온 시간에 대한 그리움, 다가올 시간에 대한 그리움, 곧 소망이 가득한 삶을 사는 거야.

강한 마음

사람의 환심을 사려면 그 사람을 끌려는 것보다도 먼저
그 사람에게 순수한 관심을 두는 것이 훨씬 낫다.

데일 카네기

/

December 08

/

삶에서 갖가지 문제가 생기는 것은 살고 있기 때문에 일어나는 것이다.
실패와 고통을 경험하고 체험하면 위기에 대처할 수 있는 힘이 생긴다. 어려움을 스스로 해결한 사람들은 갖가지 위험이 닥쳐도 위기감을 느끼기보다 이겨내는 데 힘을 모은다.
시련과 고통을 이겨낼 때 더 큰 산을 보게 된다.

사람은 만남 속에 살아가는 것인데, 좋은 만남 복된 만남으로 살아야 해. 좋은 만남이란 신뢰하며 약속을 지키는 삶이지.

휴식

피곤은 우리 모두 겁쟁이로 만든다.

빈스 롬바르디아

/

December 09

/

피곤하면 나른해지고 싫증이 난다.

충분한 휴식을 취하지 않는 삶은 가혹하다.

짜증 나고, 맑은 정신으로 생각할 수 없으며, 쉽게 흥분하고 생산성이 떨어진다. 그리고 저항력이 약해져서 질병에 잘 걸리고 사고를 당하기 쉽다.

육체와 정신의 건강을 지키는 데는 충분한 휴식이 필요하다.

일이 힘들수록 즐거운 마음을 가져야 해. 피곤하면 아무것도 할 수 없잖아. 웃으면서 즐겁게 살면 확실히 덜 피곤해지지.

세상아, 내가 여기 있다!

만일 당신이 어디로 가고 있는지 모른다면
당신은 엉뚱한 곳으로 갈지도 모른다.

케이시 스텐겔

/

December 12

/

사람들은 당신이 말하는 대로 따라 하는 것이 아니라, 당신이 행동하는 대로 따라 한다.
세상을 향해 한 번 외쳐보라!
"세상아, 내가 여기 있다! 나를 써라!"
일은 성공할 수도 있고 실패할 수도 있다.
무엇보다 성공하려는 마음이 중요하다.
한 번 사는 삶, 용기 있게 살자!

정말 힘들 때 이를 악물고라도 견디는 거야. 지나고 나면 모든 것이 그립게 되는 거지. 오늘도 외쳐봐. "세상아, 내가 여기 있다! 나를 써라!"

열정이 넘치게 살려면

사랑을 하면 눈이 먼다. 사랑하는 사람들은
자기들이 저지르는 귀여운 잘못을 모른다.

윌리엄 셰익스피어

December 13

인생에 먹구름이 잔뜩 끼지 않고 열정이 넘치게 살려면, 봄에는 봄꽃이 활짝 피듯이 살고, 여름에는 소박비가 쫙 쏟아지듯이 살고, 가을에는 단풍이 붉게 물들 듯이 살고, 겨울에는 흰 눈이 펑펑 내리듯이 살아야 한다.
항상 열심을 다해 살아야 한다.
항상 내면의 열정을 일깨워야 한다.

세월이 얼마나 빠르게 지나가는지 알지. 시간이 얼마나 빠르게 지나가는지 알 거야. 슬기롭게 열심을 다해서 살아야 해.

성공의 사다리에 올라가라

장애물에 부딪치면 우리는 더욱 초조해져서
목표 달성이 늦어지지 않도록
원칙에서 벗어난 쉬운 방법으로 해결하려 든다.

콜린 터너

December 14

성공의 사다리를 올라가기 위해서는 두려움 없이 힘을 내서 한 칸씩 올라가야 한다.
그러나 많은 사람이 사다리 밑에서 높이가 너무 높다고 서성거리고 빙빙 돌며 불평과 불만을 쏟아낸다.
하지만 자신의 내일의 성공을 만들려면 다른 사람이 만들어 놓은 길을 가기보다는 스스로 선택하고 결정하여 그 길을 가야 한다.

신입사원 때를 생각해봐. 처음에만 두려울 거야. 다리에 힘을 주고 아래를 보지 말고 위를 보고 올라가 봐. 생각보다 기분 좋게 잘 오를 수 있을 거야.

미래는 변화된다

성공에는 아무런 트릭이 없다.
나는 나에게 주어진 일에 전력을 다했을 뿐이다.

앤드루 카네기

December 15

바보들은 항상 결심만 한다.
결심만 하지 말고 행동으로 옮겨라!
생각대로 하면 된다!
마인드 컨트롤을 하라!
딱 한 번 사는 삶, 능력 있게 살자!
나의 과거는 바꿀 수 없지만, 미래를 변화시켜 나가고 모든 가족과 주변 사람들이 행복하게 만들자.

때로는 말 한마디에도 삶의 태도가 달라지지. 어려울수록 잔잔한 기쁨을 나누어주어야 해. 그 주인공이 되어야 하지 않을까!

진실한 사랑

극심한 고통과 분노의 시간이 있었지만 내 인생의 절반을 그와 함께했다.
그는 좋은 사람이다. 어떤 일이 있어도 이어질 깊은 끈이 우리 사이에 존재한다.
그것이 사랑이다.

힐러리 로댐 클린턴

/

December 16

/

진정한 사랑은 과식하는 법이 없다. 그러나 욕정은 마침내 과식하여 죽고 만다.
진실한 사랑은 진실이 넘쳐나고 욕정은 허망에 가득 차 있다.
욕망의 노예가 되어 주변 사람들을 괴롭히지 마라.
피부가 고독한 사람은 바람을 피우고, 마음이 고독한 사람은 인생을 작품으로 만든다.

거짓 사랑은 조각나고 파탄을 일으키지만, 진실한 사랑은 영원히 아름다운 거야. 하늘 사랑도, 지상의 사랑도 하나로 멋지게 사는 거야.

아름다운 추억을 남기자

이 세상을 떠날 때 갖고 갈 수 있는 것은
돈이 아닌 감동이라는 추억뿐이다.

히라도 히데노리

December 17

아름다운 추억을 남길 수 있어야 한다.
아름다운 추억을 남길 수 없다면 무의미한 시간에 지나지 않다.
우리의 사랑은 일인용 냄비 사랑이 되어 혼자 끓었다가 식는 사랑이 아니라, 퍼 줘도 남는 가마솥 사랑이 되어야 한다.
바람만 잔뜩 들어 있는 풍선 같은 사랑이 아니라, 옥수수 알맹이처럼 알알이 가득히 차 있는 아름다운 사랑을 해야 한다.

추억이 없는 사람은 나이가 들어도 행복할 수가 없어. 나이가 들어도 추억을 나누어줄 수 있는 삶을 살아야 해.

자신을 새롭게 발견하라

대부분의 사람은 조건이 달린 행복을 요구하지만
어떤 조건도 내세우지 않아도 행복을 느낄 수 있다.

아르투르 루빈스타인

/

December 18

/

꿈을 가지면 에너지가 넘치고, 집중하면 에너지가 넘치고, 행동하면 에너지가 넘친다.
열정을 가지고 도전하면 꿈은 이루어진다.
그러나 먼저 자신을 바로 보고 버릴 것은 버려야 한다.
게으름, 무책임, 무기력, 교만함, 거만함, 거짓말, 고집불통, 무관심, 간섭, 편견, 비난, 모함 등등.

매사에 재미있는 일들이 많아야 좋은 거야. 자기가 하고 싶은 일을 하는 것, 만나고 싶은 사람을 만나는 것 모두가 재미가 있지.

늦었다는 생각이 들 때

낭비한 시간은 목숨만 연명한 것이고
이용한 시간은 삶을 산 것이다.

에드워드 영

/

December 19

/

'아차, 늦었다'는 생각이 들 때 실망해서 서둘러 포기하거나 다 끝났다고 이불을 둘러쓰고 눕지 마라.
숨이 멎는 순간까지 도전하고 재기할 시간은 얼마든지 있다.
미련만 떨지 않으면 뒤늦게 시작해도 열심을 다하면 어느 사이에 다가가 추월하고 환호를 지를 시간이 있다.

언제나 포기하지 않는 것이 도전의 시작이고 성공의 시작이지. 얼마나 많은 사람이 도전하지도 않고 포기하는지 안타까운 일이야. 도전하고 시작해보자.

바람직한 비전

비전은 미래다. 미래는 무한하다.
비전은 역사보다 크고, 선입견보다 크고, 과거 감정의 상처보다 크다.

스티븐 R. 코비

/

December 20

/

희망은 생명을 살리는 기적을 낳는다.
어려운 역경 속에서도 우리의 삶에 의미가 있는 것은 우리에게 희망이 있기 때문이다.
바람직한 비전이란 무엇인가?
자신의 꿈을 생생하게 표현하는 것이다. 적극적이고 열정으로 행동하며 의욕을 불사르며 살아가는 것이다.

비전은 내일의 삶을 밝게 만드는 거야. 힘이 들수록 앞이 보이지 않을수록 비전이 있어야 이루고 싶은 열망이 생기는 거야.

염려를 버려라

행복이란? 스스로 만족하는데 있다.
남보다 나은 점에서 행복을 구한다면 영원히 행복을 얻지 못할 것이다.

알랭(에밀 오귀스트 샤르티에)

December 21

내일을 멋지게 만나려면 그 어떤 것도 염려하지 말아야 한다.
"성공한 사람은 과거가 비참할수록 아름답다"고 했다.
아무것도 없는 빈털터리에서 성공하는 것이 진정으로 멋진 성공이다.
염려란 도움이 안 되는 감정이기에 걱정이나 염려로 성공한 사람은 없다.

어려울 때일수록 사랑의 힘을 잃지 말아야 해. 사랑은 세상에서 가장 신비한 에너지야. 사랑은 모든 것을 이룰 수 있는 힘을 주지.

성공을 상상하며 행동하라

자기 절제란 양심이 뭔가를 하라고 말할 때 토를 달지 않는 것이다.

W. K. 호프

/

December 22

/

성공한 모습을 볼 수 있다면 얼마나 감동스러운 일인가? 누구나 자기가 되고 싶은 모습이 있다. 간절히 바라면 그대로 이루어진다. 길을 걸어가다가도 신이 나서 소리를 지르고 싶을 정도로 신나는 일을 기대하고 만들면, 마음이 넓어지고 통이 큰 사람이 될 수 있다.

자기가 성공한 모습을 보고 있으면 얼마나 대견스럽고 자랑스러울까. 그런 날을 만들기 위해 열심히 사는 거야.

가치가 다른 삶

가치가 높은 것일수록 그것을 얻기 위한 대가는
그만큼 비싸다. 그래서 귀금속이 가장 값비싼 것이다.

벨타사르 그라시안이모랄레스

December 23

숯과 다이아몬드는 성분이 탄소지만 그 가치는 전혀 다르다. 인생도 투명하고 진실하고 정직하게 살아야 가치 있는 삶이 된다.
가치 있는 보석은 신비한 빛을 발한다. 삶에도 빛과 향기가 있어야 한다. 가치 있는 진가를 발휘하는 사람은 어디서나 필요한 존재가 된다.

삶을 헐값에 넘기거나 싸구려 취급을 받지는 말아야 해. 얼마나 노력했는데, 얼마나 열심히 살았는데, 가치 있는 삶을 살아야 해.

자기 자신을 뛰어넘어라

이해하는 사람은 모든 것에서 웃음 요소를 발견한다.

요한 볼프강 괴테

/

December 24

/

자기 자신을 뛰어넘어라.

일을 할 때는 감탄사가 나오게 하라.

아무리 좋은 배라도 항구에 정박해 있으면 고철에 불과하다. 비가 아무리 온 땅을 적시게 내려도, 땅속에 있는 수많은 씨앗 중에서도 비를 받아들인 씨앗만이 싹을 틔우고 자라나서 꽃을 피운다. 자라서 큰 나무가 되어 열매를 풍성하게 맺는다.

자기 자신을 뛰어넘어 무대 위에서 춤추는 자가 되라.

현재의 자기 모습보다 뛰어넘어야 변화가 되고 성공하는 것이지. 매일 제자리 걸음하고 있다면 얼마나 초라하고 한심한 일일까.

고집불통을 버려라

고집은 악인들의 마음과 삶을 지배하는 모든 질투,
악의 날카로운 정신, 불만, 성급함, 그 밖의 캄캄한 감정,
지나친 욕망 및 육욕의 근원이요, 샘이다.

존 피이 스미스

December 25

고집불통이란 증오심과 편견이 많고 고집 때문에 자신을 망친다는 것을 깨닫지 못하는 행동을 말한다.
고집불통은 남을 불행하게 만들려 하지만 자기 자신이 먼저 피해를 보게 된다.
옹졸하고 도량이 좁디좁아서 자기주장만을 내세우며 살아가면 다른 사람이 인정해 주지 않는다.

제일 못된 감정이 고집불통이지. 남의 생각과 마음을 전혀 알아주지 못하는 못된 마음이지. 이런 것은 버려야 마땅한 거야.

프로정신을 가져라

스스로가 할 수 없다고 생각하고 있는 동안은
그것을 하기 싫다고 다짐하는 것이다.
그러므로 그것은 실행되지 않는다.

바뤼흐 스피노자

/

December 26

/

프로는 자기가 하고 있는 일에 자부심을 갖고 선견지명을 잘해 실수를 최소로 줄이는 사람이다.
시간보다 결과를 위해 일하는 사람이고 목표를 향해 전력투구하며 결과에 책임을 지는 사람이다.
자기 능력을 다해 프로정신을 가지고 일하는 사람이다.

날마다 아마추어로 살 수는 없잖아. 세월이 흘러도 대우도 제대로 받을 수 없으니까. 기왕에 사는 삶, 프로가 되고 전문가가 되는 거야.

삶에 흥미와 재미를 느껴라

가장 중요한 일은 지금 당신 곁에 있는 사람을 위해
좋은 일을 하는 것이다.
그것이 우리가 이 땅에 살고 있는 이유다.

레프 니콜라예비치 톨스토이

December 27

일에 쫓겨 머리가 터질 것 같이 괴로워 화를 내거나, 신경질을 내거나, 짜증을 부리거나, 시비만 걸지 말고 잠시 휴식시간을 가져라!

고통도 뭉치면 병이고 풀면 약이다.

책을 읽어라!

영화를 보라!

사랑하는 사람과 데이트를 하라!

삶에 흥미와 재미를 느껴야 한다.

무슨 일이든지 흥미와 재미를 느끼면서 하면 시간 가는 줄도 모르고 지루하지 않지. 오늘도 즐겁게 일하는 하루를 만드는 거야.

자신의 능력을 써라

사실에 대한 태도는 그 사실보다 훨씬 중요하다.

칼 메닝거

/

December 28

/

사소한 일에 목숨을 걸지 말고 자신이 갖고 있는 에너지를 다 써라.
태풍은 지구에 살고 있는 사람들을 가장 긴장하게 만드는 자연 현상 중의 하나다.
태풍이 불어와야 바다가 살아나고 큰 놀을 일으켜 바닷속까지 산소를 공급해 풍어를 가져다준다.

쌀도 먹지 않고 나누면 벌레가 먹고 곰팡이가 피고 말지. 삶도 인생도 마찬가지야. 자꾸만 능력을 써야 해.

정상을 향해 한 번만 더

정상에 오른 성공자는 반드시 이루어야 할 사명에 목숨을 건 사람이다.
이들은 누가 보아도 일에 푹 빠져 있다는 것을 알 수 있다.

찰스 가필드

/

December 29

/

늘 남보다 한 걸음을 먼저 달려가고 지치고 힘들어도 한 번만 더 힘을 내어 달려가라.
힘들고 어려워도 내일을 생각하며 한 번만 더 힘을 내고 허무한 생각이 나더라도 한 걸음 앞서라.
도전하는 마음이 가득할 때 밝은 내일이 보이기 시작할 것이다.

늘 산 밑자락에서 서성거리는 사람은 정상을 오르는 기쁨을 가질 수 없지. 밑자락에서 벗어나 정상을 정복해 보자.

온 세상을 다 받아들여라

우승하는 비결, 집중하는 일에 온 신경을 모을 뿐이다.

마르티나 나브라틸로바

December 30

온 세상을 다 받아들이고 싶다면 가슴을 활짝 열고 마음껏 표현해야 한다.
많은 사람이 자신의 능력을 10퍼센트밖에 사용하지 못하고 있다. 흐트러지는 마음을 가지런히 하나로 모아 삶의 능력을 강력하게 만들어야 마음껏 다 쏟아낼 수 있다.

내 편 네 편 분리하기 시작하면 갈등만 생기는 거지. 산처럼, 바다처럼, 하늘처럼 모든 것을 품을 수 있는 넓은 마음으로 살아가는 거야.

끝까지 포기하지 마라

꿈을 향해 당당히 나아가고 자신이 상상한 삶을 위해 열심히 노력하면
어느새 자신이 기대하지 못했던 성공에 도달해 있을 것이다.

헨리 데이비드 소로

December 31

이 세상을 살고 있는 사람 중에는 목표를 이루어가는 사람이 있고, 참여하지 않고 지켜만 보는 사람도 있고, 다른 사람이 이루어 놓은 일에 박수치며 좋아하는 사람도 있다.
남에게 박수만 치는 삶을 살지 말고 자신도 박수받는 삶을 살아가며 끝까지 포기하지 않고 최후에 웃어야 한다.
성공은 당신 옆에 있다.

하루도, 한 달도, 한 해도 처음부터 끝까지 최선을 다한 사람은 지금쯤 웃고 있을 거야. 한 일의 보람이 눈앞에 쌓여 있을 테니까.

인생은 길지 않다.

그러므로 어떻게 인생을 살아갈까 하고

이것저것 생각하는 데 많은 시간을 소비해서는 안 된다.

—알렉산더 폰 훔볼트

행복을 찾은

꾸빼씨의 다이어리

용혜원 지음

발 행 일 초판 1쇄 2014년 11월 28일
발 행 처 평단문화사
발 행 인 최석두

등록번호 제1-765호 / 등록일 1988년 7월 6일
주 소 서울시 마포구 서교동 480-9 에이스빌딩 3층
전화번호 (02)325-8144(代) FAX (02)325-8143
이 메 일 pyongdan@hanmail.net
I S B N 978-89-7343-405-3 13810

이 도서의 국립중앙도서관 출판시도서목록(CIP)은
서지정보유통지원시스템 홈페이지(http://www.seoji.nl.go.kr)와
국가자료공동목록시스템(http://www.nl.go.kr/kolisnet)에서
이용하실 수 있습니다.
(CIP제어번호: CIP2014029845)

저희는 매출액의 2%를 불우이웃돕기에 사용하고 있습니다.